玩转球类，玩出童趣

WANZHUAN QIULEI
WANCHU TONGQU

肖燕霞 / 著

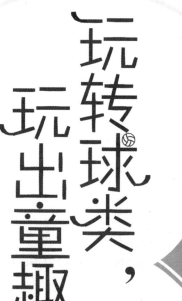

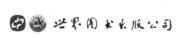

世界图书出版公司

图书在版编目（CIP）数据

玩转球类，玩出童趣 / 肖燕霞著 . -- 北京：世界
图书出版公司，2019.8
　ISBN 978-7-5192-6608-0

　Ⅰ . ①玩⋯ Ⅱ . ①肖⋯ Ⅲ . ①球类运动 – 学前教育 –
教学参考资料 Ⅳ . ① G613.7

中国版本图书馆 CIP 数据核字（2019）第 173580 号

书　　　名	玩转球类，玩出童趣	
（汉语拼音）	WANZHUAN QIULEI, WANCHU TONGQU	
著　　　者	肖燕霞	
总 策 划	吴　迪	
责 任 编 辑	滕伟喆　刘彦妮	
装 帧 设 计	刘　岩	
出 版 发 行	世界图书出版公司长春有限公司	
地　　　址	吉林省长春市春城大街 789 号	
邮　　　编	130062	
电　　　话	0431-86805551（发行）　0431-86805562（编辑）	
网　　　址	http://www.wpcdb.com.cn	
邮　　　箱	DBSJ@163.com	
经　　　销	各地新华书店	
印　　　刷	三河市燕春印务有限公司	
开　　　本	787 mm×1092 mm　1/16	
印　　　张	16.5	
字　　　数	297 千字	
印　　　数	3 001—5 000	
版　　　次	2019 年 8 月第 1 版　2020 年 5 月第 2 次印刷	
国 际 书 号	ISBN 978-7-5192-6608-0	
定　　　价	45.00 元	

谈我认识的肖燕霞园长

人，作为"万物之灵"，既是自然的人，又是社会的人。作为社会的人，无论在什么样的社会形态里，他都不是孤立的存在，离开社会、离开人与人之间的交往，人也将不成其为人。

人在社会交往中，认识自我，在认识和改造主客观世界的过程中发展自己，壮大自己。在社会生活中，人际关系常常表现为一种感情上的联系和心理上的相互吸引。无论是谁，在社会交往中建立起来的人际关系越好，他的朋友就越多，就越能使自己得到温暖、勇气，增加自己的力量。

有的时候，有些人即使与我们偶尔相识，只有一面之交，也能引起我们的注意，使我们喜悦，这是什么道理呢？他（她）能打动我们，使我们善待他们，这又是什么原因呢？

贺华勃说："这是一种不可言喻的两情相悦，他给予我们的，犹如芳香给予花儿一样。"

这种人格，或许是我们看见的他们的目光，或许是我们看见的他们的微笑，或许是我们看见和听到的他们的言谈举止。如果把这些"人格"凑在一起，我们便得到一个印象，一个结论：他们很受他人喜欢，使其他人对他们产生兴趣。我们在不知不觉之中，便和他们接近，成为朋友。在这个过程中，我们的人格也得到了发展，而使我们愉悦的他们，也一样。

因此，可以这样说，这些令我们喜爱的他人身上的"人格"特征，是他人身上放射的一种魅力。许多人，无论他们的相貌是否英俊，都具有这种人格的魅力，具有令人尊敬、爱戴的凝聚力。我认识的肖燕霞园长就是具备了这种人格的人。

我是在2012年6月中旬广东省中小学新一轮"百千万人才培养工程"名教师培养对象英德市进修学校遴选活动上认识肖园长的，她给我最初的印象是美丽大方，儒雅亲和，有气质。进一步的了解是我因几次学习培训和课题研讨活动，与她一起学习、研讨、交流。她特有的成熟睿智，创新与执着，特别是她工作上认真执着，学习中感知敏锐，生活里乐观开朗的人格魅力都深深地吸引着我。

近期，我看到她编著的《玩转球类，玩出童趣》的样稿，深深地被她的工作团队智慧和哲理所吸引。《玩转球类，玩出童趣》这部书集结了肖园长的课题研究团队如何传承民间体育游戏，结合本园的实际情况、幼儿的身心特点，着力打造球类活动新玩法，让球类活动玩出新童趣等内容。

这本《玩转球类，玩出童趣》就是肖园长及其工作团队开展清远市级课题研究——"球类活动与民间体育游戏整合的实践与研究"日积月累的结果，是幼儿球类游戏活动魅力、方法、实战的高度概括，更是阳山县碧桂园办园风格——"趣"文化的主打品牌。虽然只是一些幼儿球类活动玩法的经验介绍，但我更愿意将它们视作肖园长开展幼儿球类活动新玩法的心得体会。每一位一线幼儿教师都有自己对球类活动的理解，以及呈现其理解的独特方式，我个人对此十分尊重。本书的编目与写作目的用肖园长自己的话说就是：告诉幼儿球类活动的魅力所在，告诉从事幼教的同行球类活动的新玩法和技巧。显然，肖园长本意是想写一本幼儿球类活动新玩法的指导书，这本书有一定的理论含量和实践意义。

《玩转球类，玩出童趣》是对幼儿球类活动教学实践的反思、研究和开发，是对幼儿教学规律的探索，是开发幼儿教师潜在的创造力和智慧的过程。托尔斯泰说过："一个教师如果热爱事业，他是一个好教师；一个教师如果只像父母那样爱孩子，他是一个比那种虽读万卷书但不爱事业也不爱孩子的教师更好一些的教师；而如果教师把对事业和学生的爱兼备一身，他就是一个完美的教师了。"作为粤北欠发达地区的一名幼儿教师，能够耐得住外界繁华的诱惑，以理论为友，以大师为师，忠于实践，执着追求幼儿教育事业，的确是值得我们尊重与学习的。

今天有幸应邀作序，实在兴奋、激动，让我有机会再次感受肖园长对幼儿教育事业的执着追求，再次学习她充满活力、充满智慧、充满信心的工作热情，再次学习她对球类活动教学实践经验的总结。我期待《玩转球类，玩出童趣》的出版，给我不断前行带来巨大动力。

我们都在努力奔跑，我们都是追梦人！

沈志亮

2019年3月

沈志亮，广东省特级教师，初中物理正高级教师，清远市紧缺高层次人才，广东省中小学新一轮"百千万人才培养工程"初中名教师培养对象，广东省南粤优秀山区教师，清远市中小学教师工作室主持人。

前言

  落实《3～6岁儿童学习与发展指南》，促进在园幼儿身心健康发展，是当前幼儿园教育的核心任务。习近平主席特别关心我国儿童身心的健康发展，习主席指出："要树立健康第一的教育理念，开齐开足体育课；帮助学生在体育锻炼中享受乐趣、增强体质、健全人格、锻炼意志。"《3～6岁儿童学习与发展指南》在健康领域给我们提出了"身心发展""情绪愉快""适应环境""动作发展""身体素质""卫生习惯""自理能力""自我保护""倾听表达"九大目标。我国颁布的《幼儿教育指导纲要（试行）》指出：体育目标应通过多途径、多形式的活动来协同完成。

  如何有效利用晨间、课间、午后的户外一小时体育活动时间，有目的、有计划地创设适宜的体育锻炼环境；有要求、有指导地探索既适合不同年龄的孩子特点，又能激发幼儿良好的体育锻炼的兴趣，还能有效促进幼儿身心健康发展的创新性幼儿体育锻炼的新模式，这是许多幼儿园园长、老师们亟待解决的新问题。

  今欣闻肖园长主持的清远市级课题研究"球类活动与民间体育游戏整合的实践与研究"结题，其课题研究组扎根幼儿园一线，历经3年的实践探索研究，成果丰硕。肖园长研究的"球类活动与民间体育游戏整合的实践与研究"课题成果反映出，该研究将幼儿喜闻乐见的民间体育游戏与体育特点突出、有技能技巧的球类运动进行了互相渗透、有机整合，创出了一套幼儿体育的新思路、新方法。民间体育游戏与球类活动的有机整合，不但促进了幼儿身体的健康成长、生理机能的增强，还启迪了幼儿积极思维，培养了幼儿的观察、记忆和想象能力，实现了课题研究提出的"教师与幼儿、教师与课程共同成长"的目标。

　　肖园长撰写的《玩转球类，玩出童趣》一书内容丰富、文字翔实、图片生动、活动多变，充分证明幼儿可以将球类玩出新童趣。对当前幼儿园开展球类体育活动，可以即学即用，具有非常高的使用价值。我相信该书将为广东省其他幼儿园，尤其是山区农村幼儿园尝试球类活动教学提供非常有益的帮助。

深圳大学陆克俭（博士）

2019年3月

第一篇 课题研究

第二篇 游戏集

1

第一篇

课题研究

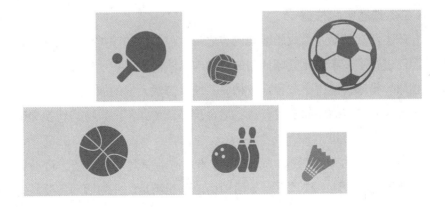

《球类活动与民间体育游戏整合的实践与研究》
课题实施方案

清远市阳山县碧桂园幼儿园　肖燕霞

一、研究的背景

（一）选题理论与政策依据

1. 教育科学化：《国务院关于当前发展学前教育的若干意见》（国十条）指出，要遵循幼儿身心发展规律，面向全体幼儿，关注个体差异，坚持以游戏为基本活动，方式保教结合，寓教于乐，促进幼儿健康成长。

2. 教育生活化：《幼儿园工作规程》指出，幼儿园应当充分利用家庭和社区的有利条件，丰富和拓展幼儿园的教育资源。

3. 教育民族化：《3~6岁儿童学习与发展指南》提出，要利用民间游戏、传统节日等，适当向幼儿介绍我国主要民族和世界其他国家和民族的文化，帮助幼儿感知文化的多样性和差异性，理解人们之间是平等的，应该互相尊重，友好相处。

（二）选题实践依据

1. 球类活动是幼儿喜欢的活动内容之一，但单纯的球类活动缺乏情景性。幼儿园已进行了多年幼儿篮球活动的教学与实践研究，在这过程中，我们组织幼儿拍球、投球，但这个过程都较枯燥，缺少游戏元素的加入。

2. 社区有丰富的民间游戏资源，适合孩子玩的并不多，应当转换为适宜幼儿活动的水平和形式。

3. 本园园所占地面积达4 600多平方米，有着宽敞的小广场、运动场、小土坡、游泳池、沙池、楼顶平台等活动场地，能满足幼儿的活动需要。幼儿园有多年开展球类活动与民间游戏的经验积累，但缺乏系统的梳理和提升。我主持的《利用民间体育游戏，促进幼儿动作发展的实践与研究》市级课题2014年1月结题，2016年3月荣获"清远市第四届普通教育教学科研成果"奖评审一等奖。近两年中收集和创编了幼儿民间体育游戏达60种以上，并编成了小班、中班、大班三个年龄段的三册《创意幼儿民间体育游戏集》，但由于能力水平有限，没有形成体系。

基于以上分析，我们觉得有必要对幼儿园球类活动与民间体育游戏的有效整合进行系统的研究，探索出球类活动和民间体育游戏相融合的园本课程，将其与幼儿园教育教学的各个领域和幼儿的一日生活整合起来，促进幼儿身体的健康发展，实现教师与幼儿、课程的共同成长。

二、课题的界定

1. 球类活动通常是指由各类大球和小球组成的球形类运动项目的总称。是一种以多样性、分散性、开放性为特点的体育活动形式，可以促进幼儿走、跑、跳、投等综合能力的同步发展。球类按照不同的运动方式可以分成三大类：接触性球类（篮球、足球、手球、水球等）、隔网性球类（排球、网球、乒乓球、羽毛球等）、台面性球类（门球、保龄球、台球、高尔夫球等）。

2. 民间游戏是指流传于广大人民生活中的嬉戏娱乐活动，俗语称"玩耍"，是人们在传统民族文化的基础上经过不断加工创编而形成的，具有浓厚的生活气息，能形象地反映民间生活，在民间代代相传并发展的嬉戏活动。大部分学者对民间游戏多强调其传承性、自发性和民间性。体育游戏是以身体练习为基本手段，以增强体质、陶冶性情、娱乐身心为目的的一种现代游戏方法，强调娱乐性和健身性。学者罗红辉在《民间体育游戏运用与指导策略》中指出：民间体育游戏是由民间创编，并在民间代代相传的喜闻乐见的活动，它给人们带来了欢乐。民间体育游戏是民间游戏之一，它的种类繁多，具有广泛性、灵活性、趣味性、竞争性等特点，可促进幼儿身体的健康成长、机能的增强。

3. 球类活动与民间体育游戏的整合。即以民间体育游戏为载体，从中选取适合孩子的游戏，将球类活动渗透进民间体育游戏中，在这个过程中，主要是让两者互相渗透、融合。通过游戏发展幼儿的基本动作，提高幼儿运动中身体的协调性、敏捷性和灵活性，培养他们活泼开朗、热爱运动、合群友爱、不怕困苦等良好品质。

三、实验的理论依据

1.生活教育理论。著名教育家陶行知先生曾说过："生活教育是生活所原有，生活所自营，生活所必需的教育"。即教育源于生活，在平时的教育工作中，教师要以生活为中心开展教育，在生活中引导孩子。

2.《幼儿园教育指导纲要（试行）》提出：体育锻炼是促进幼儿全面发展的重要手段，开展丰富多彩的户外游戏和体育教学活动，用幼儿感兴趣的方式发展基本动作，培养幼儿参加体育活动的兴趣和习惯，使他们在快乐的童年生活中获得有益于身心发展的经验。

3.《3～6岁儿童学习与发展指南》在动作目标中强调：发展幼儿动作的协调性和灵活性，鼓励幼儿进行拍球等活动。符合幼儿特点的球类游戏不但可以训练幼儿的手腕力量，提高其手眼协调性和快速反应能力及灵活性，还可以激发幼儿愉快的情绪，丰富其生活经验，从而增强其体质。

四、研究目标

1.通过开发和利用幼儿园各种资源，探究球类活动和民间体育游戏相融合课程的形式与内容，探索出一套系列化的具有园本特色的体育课程。

2.通过实施球类活动和民间体育游戏相融合课程，优化课程的内容和方法，培养幼儿对体育游戏的兴趣，养成幼儿良好的运动习惯，促进幼儿身心的健康发展。

3.通过球类活动和民间体育游戏相融合课程，促进教师的专业化发展，提高教师的教学水平和教研能力。

五、研究内容

1.幼儿球类活动内容的研究。根据幼儿的年龄、兴趣爱好及幼儿园实际，筛选适合在幼儿园开展的球类活动。

2.球类活动与民间体育游戏整合策略的研究。

3.球类活动与民间体育游戏整合对幼儿体能发展影响的研究。

六、研究重点及难点

重点：球类活动与民间体育游戏整合策略的研究。

难点：球类活动与民间体育游戏整合策略的研究。

七、研究方法

1. 行动研究法。把课题研究与教师的教学行动紧密地结合起来，边研究、边行动，在行动中达到解决实际问题的目的。教师在研究过程中及时观察、记录幼儿的活动情况，为制订科学合理的球类活动方案提供依据。

2. 调查研究法。通过观察、列表、问卷、访谈等科学方法，收集相关问题的资料，得出规律性的认识。

3. 案例研究法。通过对幼儿和教师个案的分析，不断总结与反思。

八、实验对象

在小、中、大各年龄段随机选择班级作为实验组或对照组，实验组和对照组的人数尽可能相同，对他们进行为期三年的跟踪实验研究。

九、开展课题研究的措施

1. 课题组负责制订课题、实验研究计划和实施方案，并在实施过程中不断修改和完善实施方案。

2. 采用"请进来，走出去"以及"个人自学与集体培训"等方式对实验教师进行培训和指导。

3. 定期开展探索课、教案、个案分析等研究，促进实验教师之间的互相交流学习，共同研讨实验中出现的新问题，改进实验措施与方法，不断改进和完善实验研究工作。

十、实验研究步骤

实验周期：2016年8月至2019年7月

第一阶段：课题论证阶段（2016年8月—2016年10月）

1. 成立课题组，初步拟定课题实施方案，确立实验班，梳理实验班教师开展课题研究工作思路。

2.广泛收集资料，深入实践调查，选取实验班的幼儿为调查对象，对家长进行"球类活动与民间体育游戏的现状"的调查问卷，分析并总结调查结果，制订相应对策。

3.对幼儿进行"体能测查""综合能力发展"等基本情况测评，填写实验前幼儿身体指标登记表。

4.查阅相关文献资料，收集各种信息，聘请专家指导、培训课题组成员，积累相关的理论知识。

第二阶段：实施研究阶段（2016年10月—2019年2月）

1.按照课题组方案和要求实施各类活动。

2.对幼儿进行"体能测查""综合能力发展"等基本情况测评，填写实验前幼儿身体指标登记表。

3.园内开展课题第一阶段研究总结，做好记录、总结与反思工作。

4.全面开展课题研究工作，根据情况调整实施计划和策略。

5.组织教师定期开展课题相关活动：理论培训，球类的室内、户外环境创设；优秀课例评比，体育器械制作比赛等。

6.开展球类活动与民间体育游戏相结合的亲子、社区活动。

7.开展各年级组的球操活动。

8.幼儿运动会。

9.进行中期成果的汇总和汇报工作。

第三阶段：总结鉴定阶段（2019年3月—2019年7月）

1.整理课题研究材料，对收集的数据进行整理、分析、归纳，为撰写研究报告或论文做准备。

2.汇编《创意幼儿民间体育游戏集》（分大、中、小班三册），出版论文集、优秀教育教学工作随笔等。

3.邀请专家指导，撰写课题结题报告，向有关部门申请课题结题。

十一、预期成果

1. 第一阶段（2016年8月—2016年9月）

（1）对家长进行问卷调查并形成报告。

（2）教师进行课题培训资料汇编。

2. 第二阶段（2016年10月—2019年2月）

（1）对幼儿进行相关测试并形成分析报告：幼儿体能测查、幼儿综合能力发展等。

（2）在小、中、大班进行创意球操（视频集）训练。

（3）亲子活动资料汇编。

（4）幼儿园球类活动区域设计汇编。

（5）幼儿园球类活动的室内及户外环境创设汇编。

（6）幼儿园球类活动与民间体育游戏融合课题的课例（视频集）汇编。

3. 第三阶段（2019年3月—2019年7月）

（1）幼儿、教师个案研究汇编。

（2）完成课题结题工作报告。

（3）幼儿园球类活动与民间体育游戏相融合的创新运用（《创意幼儿民间体育游戏集》，分大、中、小班三册）汇编。

（4）整理课题实验研究资料，出版论文集、优秀教育教学工作随笔。

十二、实验组织

技术指导：阳山县教育局教研室主任陈礼广

课题负责人：肖燕霞（阳山县碧桂园幼儿园高级教师）

（1）统筹课题研究动作；

（2）编制课题实施方案；

（3）撰写课题结题报告。

课题组成员：邓彩燕（阳山县碧桂园幼儿园一级教师）

（1）组织实验班工作；

（2）撰写课题各阶段计划、总结及课题各项活动方案；

（3）撰写阶段性总结和相关的实验论文。

课题组成员：黄玉瑜（阳山县碧桂园幼儿园一级教师）

（1）组织实验班工作；

（2）收集整理课题资料；

（3）撰写相关的实验论文。

课题组成员：陈建芳（阳山县碧桂园幼儿园一级教师）

（1）组织实验班工作；

（2）收集整理课题资料；

（3）撰写相关的实验论文。

课题组成员：薛月娣（阳山县碧桂园幼儿园教师）

（1）组织实验班工作；

（2）收集整理课题资料；

（3）撰写相关的实验论文。

课题组成员：李绍燕（阳山县碧桂园幼儿园教师）

（1）组织实验班工作；

（2）收集整理课题资料；

（3）撰写相关的实验论文。

十三、课题研究的保证措施

（1）争取上级教研部门和科研机构的支持和指导；

（2）幼儿园要支持实验工作，提供优质服务，为实验教师和实验班幼儿提供更多的方便；

（3）实验不得半途而废；

（4）幼儿园应为实验教师提供学习提高的机会，实验教师应当努力学习，不断提高自己的素质，积极投入实验工作，保证完成实验任务。

2016年11月3日

《球类活动与民间体育游戏整合的实践与研究》
结题报告

阳山县碧桂园幼儿园　肖燕霞

　　《球类活动与民间体育游戏整合的实践与研究》是以开展幼儿民间体育游戏活动和促进幼儿动作发展为主要研究内容的一项实验。课题于2016年年初酝酿，2017年12月被清远市教育教学研究院立项为市级基础教育科研第十八批课题。在上级教研部门的悉心指导下，课题组经过三年的实践与实验研究，已完成了所有的研究内容，取得一定的成果，现申请结题，报告如下。

一、研究的概述

（一）问题的提出

　　《国务院关于当前发展学前教育的若干意见》（国十条）指出要遵循幼儿身心发展规律，面向全体幼儿，关注个体差异，坚持以游戏为基本活动，保教结合，寓教于乐，促进幼儿健康成长。《幼儿园工作规程》《3～6岁儿童学习与发展指南》提出要利用民间游戏、传统节日等，适当向幼儿介绍我国主要民族和世界其他国家和民族的文化，帮助幼儿感知文化的多样性和差异性，理解人们之间是平等的，应该互相尊重，友好相处。民间体育游戏源远流长，孩子在踩高跷、跳格子、跳皮筋、玩陀螺、滚铁环、老鹰捉小鸡等一系列民间体育游戏中感受自然的心境、纯朴的味道和童真的乐趣，感受祖国文化的丰富与优秀。球类活动多姿多彩，是幼儿喜欢的活动内容之一，但单纯的幼儿拍球、投球等球类活动因缺乏情景性和游戏元素而显得枯燥无味。本课题针对球类活动与民间体育游戏如何整合的问题，探讨如何将球类活动与种类繁多的民间体育游戏渗透、融合，并通过整合游戏发展幼儿的基本动作、综合能力，这是我们的研究方向。

（二）课题研究的目的与意义

本课题的研究目的在于将球类活动与民间体育游戏进行整合，并开发成游戏，使两者优势互补，提高幼儿游戏的有效性，是球类与传统游戏深度整合的尝试。

理论意义：本课题的研究分析了球类活动与民间体育游戏整合的可行性，研究了整合的内容、途径和策略，最终形成整合教学的模式，预期的研究成果对促进幼儿基本动作的发展有帮助，探索出一套系列化的具有园本特色的体育课程。

实践意义：为球类活动与民间体育游戏整合提供了教学模式，设计了教学流程及策略，对幼儿园开展体育游戏有实践意义。

创新意义：提出了球类活动与民间体育游戏的多元嵌入整合策略，运用该整合策略开展游戏能够促进幼儿基本动作的发展和提高幼儿身体的协调性、敏捷性和灵活性，培养他们活泼开朗、热爱运动、合群友爱、不怕困苦等良好品质。

（三）国内外研究现状

当前，国内在学前教育领域中，对于民间体育游戏的利用也是选取部分民间体育游戏进行组织；在幼儿园开展球类活动也仅限于对球类玩法、比赛规则的使用，而球类活动与民间体育游戏的整合研究几乎没有，球类活动与民间体育游戏整合有许多值得进一步探讨的空间和可能，因此，球类活动与民间体育游戏的整合研究具有实践的意义。

（四）研究目标

1.通过开发和利用幼儿园各项资源，探究球类活动和民间体育游戏相融合课程的形式与内容，探索出一套系列化的具有园本特色的体育课程。

2.通过实施球类活动和民间体育游戏相融合课程，优化课程的内容和方法，培养幼儿对体育游戏的兴趣，养成幼儿良好的运动习惯，促进幼儿身心的健康发展。

3.通过球类活动和民间体育游戏相融合课程，促进教师的专业化发展，提高教师的教学水平和教研能力。

（五）研究内容

1. 幼儿球类活动内容的研究。我们要根据孩子的不同年龄特点、兴趣爱好及幼儿园实际，筛选适合在幼儿园开展的球类活动。

2. 球类活动与民间体育游戏整合策略的研究。研讨、开发球类活动与民间体育游戏的整合游戏，从中找到相关的整合途径和策略。

3. 球类活动与民间体育游戏整合对幼儿体能发展影响的研究。立足幼儿的兴趣和年龄特点，注重以活泼多样的方式和丰富的指导策略，帮助幼儿在增强体质的同时掌握运动知识和技能，提高幼儿的综合素质。

（六）课题的界定

1. 球类活动。指由各类大球和小球组成的球形类运动项目的总称，是一种以多样性、分散性、开放性为特点的体育活动形式，可以促进幼儿走、跑、跳、投等综合能力的同步发展。

2. 民间体育游戏。指由民间创编，并在民间代代相传的喜闻乐见的活动，它给人们带来了欢乐。民间体育游戏是民间游戏之一，它的种类繁多，具有广泛性、灵活性、趣味性、竞争性等特点，可促进幼儿身体的健康成长、机能的增强。

3. 球类活动与民间体育游戏的整合。即以民间体育游戏为载体，从中选取适合幼儿的游戏，将球类活动渗透进民间体育游戏中，在这个过程中，主要是让两者互相渗透、融合。

（七）课题的研究方法

本课题所采用的研究方法是行动研究法、调查研究法和案例研究法，主要是用行动研究法，德国心理学家勒温曾提出用螺旋循环模式描述行动研究持续进行的过程，行动研究是研究—行动的迂回方式，课题组成员根据实施方案，遵循计划—观察—行动—反思的基本环节开展研究，每一次循环促使下一循环的产生和发展，这样循环与循环之间形成螺旋关系，让我们的课题研究行动不断深入问题的核心，此外借助录音、录像、拍照、撰写教育教学札记等方式收集资料，最后根据多方的资料来加以统整、分析、修正，以获得最大的效能。

二、课题研究的基本过程

（一）研究初始期——设计问卷开展测查，了解幼儿实际发展状况

深入观察和分析幼儿的实际发展状况，是制订和组织开展符合幼儿年龄特点和动作发展水平体育活动的基础。因此，在开展课题研究之前，课题组设计了相应的调查问卷进行调查及对孩子动作发展现状进行了测查。一是开展家长问卷调查。主要内容是：①幼儿认识球的种类有多少；②幼儿会玩的民间体育游戏有哪些；③孩子和家长对球类活动、民间体育游戏的兴趣，等等。问卷调查结果告诉我们，孩子们都很喜欢玩球，但以篮球、足球居多，也仅限于拍球、抛球等单一的玩法，而且会玩的民间体育游戏都是诸如《丢手绢》一些耳熟能详的游戏，家长与孩子也仅限于玩玩而已，不懂得从教育意义这方面去考虑。二是对幼儿20米快速跑、立定跳远、拍球、投掷、单足立等五项动作发展现状进行测查，测查的结果是实验班与非实验班孩子的能力差异不大，但总体来说孩子们的平衡与投掷能力是最弱的。三是对实验班孩子进行综合《幼儿动作能力发展评估表》的调查。

（二）研究雏形期——创设丰富活动环境，营造浓厚灵动活动氛围

陈鹤琴先生说过："怎样的环境就得到怎样的刺激，得到怎样的印象。"为更好地发挥环境的育人功能，做到"润物细无声"，我们把幼儿园的环境从整体上进行规划，将户外与校园文化建设相结合规划出野趣廊、球趣场、乐趣园等12个体育区域，室内规划分为走廊与过道、活动室等两大部分。在环境创设中，我们遵循两个原则：一是三维空间利用，即通过地面、墙面、天面进行环境创设。二是全员参与，即教师、幼儿、家长全员参与。球类活动与民间体育游戏环境整合力求创设与教学相适应的教育环境，促使环境教育价值的最大化。

1. 地面活动场景创设

在开展球类活动与民间体育游戏的整合活动前，在户外的沙井盖画上与球相关的主题画；在平整的空地上画上格子玩球类飞行棋、跳飞机、跳房子等，让幼儿时刻沉浸在浓郁的运动氛围中；在地面边角摆放孩子们自制的各种报纸球、绳球；植物区用废旧篮球将花盆包起来，显得特别漂亮。

2. 墙面活动场景创设

我们结合活动内容，在幼儿园的围墙上悬挂了颜色各异的轮胎，在轮胎

中间悬挂了各种球，在轮胎下面吊挂一张小卡片，里面详细说明该球的名称、来源及玩法；在教学楼的户外墙面用颜料画了球类运动及民间体育游戏的壁画；在活动室的走道上，小班布置了"每周一球"，向孩子介绍各种球；中班布置了"每周一星"向孩子介绍知名的球星；大班布置了"每周一讯"，向孩子介绍一些球赛和民间体育游戏等。2018年足球世界杯期间，家长们积极参与了活动室的环境布置，他们从报纸、杂志、网络精心挑选图片和新闻，创设了世界杯专栏。

3. 天面活动场景创设

为充分利用活动场所的空间，走廊悬挂着孩子们利用废旧篮球绘制的十二生肖的作品；在长廊柱子上方牵绳垂挂各种球，让孩子练习纵跳触物，锻炼孩子的弹跳力，为照顾到不同年龄孩子身高特点，旁边还准备了球拍，供孩子自由选择；在班级环境创设中，老师与孩子们运用废旧的篮球、海洋球、羽毛球、乒乓球等各种球类做空间隔断或做出各种作品装饰环境。

（三）研究发展期——挖掘利用现有资源，形成多方合作良好局面

为促使课题的研究向纵深发展，我们对现有资源进行了有效的挖掘与利用。

1. 教师资源——全方位培训，提高教师指导行为能力

（1）走出去，开拓视野。闭门造车只能像井底之蛙，视野狭隘，为此，我们投入6万多元组织100多人次外出南京、广州等地学习培训，每次学习回来，教师除了分享学习经验外，还要将学习成果落实到实际工作中去。

（2）请进来，共享资源。俗话说：一个人走得更快，而一群人则走得更远！为了让全园教师都参与、共享课题，我园与广州华蒙星体育发展有限公司、深圳《运动方舟》创新体育课程合作，邀请他们到园对全园教师进行球类专业知识（球的种类起源、比赛规则、球类知识测试）及如何组织体育活动等培训，让全园教师共同成长。

（3）练内功，夯实基础。在组织幼儿开展球类活动及民间体育游戏时，不仅需要老师有相关的知识，还需要一定的体魄。我们利用放学时间组织老师学习滚铁圈，踢毽子等游戏，通过实践熟悉游戏的玩法、体会游戏的乐趣及游戏所蕴含的价值，积累指导幼儿开展游戏的基本经验。利用各传统节日组织全园的教职工进行"丢手绢与羊角球""乒乓球接龙"等游戏，组织教师开展级组间的篮球比赛等，让教师感悟到强身健体从我开始，促使教师感受到对课题的研究是教师自身内驱动的需求。

针对如何将球类活动及民间体育游戏相整合的问题，课题组每星期都会进行"一备二研三磨"的集体备课活动，对共性与个性问题大家共同进行研讨。如：从幼儿动作测查结果得出"孩子平衡能力较弱"，课题组成员经过研讨和设计，初步形成了适合各年龄班活动的游戏方案，小班玩"过小桥"，在过小桥的时候怀里抱着一个篮球；中班玩"二人三足"，到了终点，两人要将足球踢入球门；大班玩"斗鸡"，当孩子单脚站立较稳当的时候，我们就加入篮球玩击鼓传花的游戏，孩子们都非常兴奋，会想出各种各样的动作，力求使自己站稳。除此以外，我们通过"优秀课例"的评选活动，对研讨出来的游戏进行反复实践研究，促使教师在学—做—研—思的循环过程中，理论水平得到逐渐加深，专业技能不断提高。为了检验"优秀课例"是否适合山区乡镇幼儿园，我们还到太平育星、黄垒、黎埠镇中心幼儿园开展送教下乡活动，再次验证我们设计的游戏的可行性。本着边研究、边验证、边推广的思路，我们课题组成员多次到连州市祥源春天幼儿园、连州市春天国学幼儿园开展同课异构等活动。

为了推动课题研究的顺利进行，充分发挥青年教师的聪明才智和主观能动性。本园组织全园教师开展了"巧手生花球儿乐"的教师自制教玩具比赛活动，教师们充分利用废旧材料自制游戏器材，有的教师将易拉罐瓶全面深加工，设计出一个个颜色鲜艳，栩栩如生的花球；有的教师利用PVC管、广告纸、布条等制成的"多功能花轿"玩法种类繁多，可以玩"抬花轿""推小车""打地鼠""投篮球""钻山洞"等游戏。在"赶小猪"游戏中，幼儿手拿自制曲棍棒，将报纸球打到"多功能花轿"的门洞里，以打进洞里多的为赢，孩子们都十分喜欢。我们还绘制了球类活动与民间体育游戏整合和五大领域的联系图，在阅读区一起将废旧体育杂志、报刊等上面的各种球、各种球赛、民间游戏等进行剪贴，制作成图文并茂的自制书，并投放到图书角，供幼儿自由翻阅；美工区适时增添彩色卡纸、橡皮泥、报纸、纸盒等材料，让幼儿根据自己的意愿画一画、做一做自己喜爱的球宝宝，不断满足幼儿操作的需要；在益智区让幼儿玩球类图片和文字配对的游戏；在私密屋投入海洋球等，真正将目标物化于操作材料中。

2. 家长资源——调动积极性，促使家长成为课题支持者

家长是幼儿的启蒙教师，为此，我们将家长视为幼儿教育的合作者，对家长进行系统的指导，争取家长的理解和支持，让家长成为课题研究的重要资源。对于这一点，我们主要分三步走。

第一步：讲座观摩。教师在家长会介绍课题研究内容（宣传一些球类知识、民间体育游戏玩法）、家长半日活动观摩幼儿球操，让家长深入了解本园球类课题研究的相关信息，争取家长支持、配合幼儿园开展研究活动。

第二步：参与展示。一是开展"灵活巧手秀球类"亲子球类器械手工制作比赛活动。家长与孩子在家用旧报纸制作纸球、用塑料袋包裹成球，用人造革、布料的边角料缝成球、将稻草搓成麻绳后卷成球、收集包装袋编制成镂空的球……孩子与家长一起将这些材质不同、重量不同、外观不同的自制球的玩法在舞台上现场讲解展示。二是通过举办元旦"大带小"游园活动及"大球小球动起来，民间体育游戏乐开花"第一届亲子运动会。设置"滚花生球""赶小猪""打妖怪"等游戏，让家长与幼儿在游玩中体验球类活动与民间体育游戏有效融合的魅力。

第三步：实践反馈。教师通过在微信群、QQ群与家长线上交流，在宽松的交流形式中获得家长对课题的评价和需求，使课题的实施方案得到视野更广阔，日臻完善。

3. 社区资源——利用人、财、物，扩展幼儿生活学习空间

我们充分利用丰富的社区资源，为课题研究服务。如课题前期，邀请了碧桂园小学的体育老师协助我们对孩子的动作进行测查，在减少误差的同时确保了数据的真实性；在课题研究中，不仅组织幼儿到小学球场开展民间体育游戏和球类亲子游戏活动，又在碧桂园小学开展各种球类比赛活动时，组织本园幼儿前往观看，让他们感受哥哥姐姐们在赛场上精彩表现的同时体验球类活动的乐趣。在2018年全县的"六·一"文艺汇演中，实验班孩子表演的节目《跃动之星》，将传统民间体育游戏舞龙的动作融合到表演篮球操的每个环节中去，8个孩子穿着溜冰鞋在表演队伍中穿梭舞龙，精彩的表演赢得现场观众的阵阵掌声。

（四）研究拓展期——努力突破评价瓶颈，引领课题研究走向深入

课题在实践研究一段时间后，实验教师遇到了瓶颈，陷入了一段迷茫期。如何对球类活动和民间体育游戏整合后的活动进行评价，正确把握游戏的发展方向，特别是游戏对幼儿的体能发展的促进作用应该用什么方法去评价，成为我们在课题研究过程中遇到的难题。于是我们继续检索中国知网

（CNKI）的期刊数据库，让数据库为我们指点迷津。我们制订了《球类活动和民间体育游戏整合活动教学评价量表》，即根据幼儿不同的发展目标、不同的兴趣爱好，对不同的教学内容进行不同的评价，这种教学评价量表每月做一次。配合这种教学评价量表使用的还有《观察运动负荷的内容与评价标准表》，表中内容涉及幼儿运动中（面色、汗量、呼吸、动作、注意力、反应力、精神状态）及运动后（食欲、睡眠、精神状态）等方面，教师对孩子进行综合评估。我们以幼儿身心发展目标为根本的评价观，实行评价主体多元化、评价方法与评价内容多样化的发展性评价，引领课题研究走向深入。

三、研究成果

通过全体课题组成员的共同努力，探索出球类活动和民间体育游戏相整合的途径和策略，促进幼儿身体的健康发展，实现教师、幼儿、课程及家长的共同成长。我们的主要研究成果如下。

（一）构建了"一日生活皆课程"的园本体育课程

本园的园本体育课程是以幼儿发展为本，根据幼儿的认知规律和身心发展的特点，以球类活动与民间体育游戏为载体，以游戏为主要形式设计并组织实施的；课程将幼儿园环境资源、人力资源、课程资源进行了有效整合，形成了一套目标清晰、形式多样、内容丰富的较为完整的园本体育活动课程体系。课程汇编了小、中、大班三本《创意幼儿民间体育游戏集》《巧手生花球儿乐》等12本园本教材，有效地推动了幼儿园教育科研的发展。

1.《创意幼儿民间体育游戏集》——确保教学活动的开展

我们根据幼儿认知规律、身心发展的特点，将球类活动与民间体育游戏相结合，一共汇编了小、中、大三本游戏集共120个游戏，每一个年龄段是40个游戏，每星期开展一次游戏，可供秋季、春季两个学期使用。

2.《巧手生花球儿乐》——教师平常教学活动的补充

这是教师利用废旧材料自制的教玩具比赛成果集。教师自制的这些丰富多样的教玩具，也成为孩子们的最爱。

3.《智趣童心戏球类》——充实室内区域活动

室内区域活动成为幼儿园活动中必不可少的重要组成部分，在室内，教师为孩子创设与球有关的环境，以桌面操作材料为主，目的是为了丰富幼儿的球类运动知识和增进幼儿的兴趣，是一种非身体运动的方式，但孩子在操作与球类运动相结合的、低结构的游戏材料中不断加深对各种球类运动的认识，能使幼儿在小组活动和个体活动中得到较好的发展。

4.《花样球儿乐融融》——优化的球操活动

早操是幼儿园每天不可少的活动环节，球操活动是我们将球融入民间体育游戏而开展的操节活动，在编排的过程中，注重全面锻炼身体，合理安排运动量，将幼儿走、跑、跳基本动作、操节、律动、音乐游戏整套动作节序与球类活动基本动作结合起来，然后融入民间体育游戏，增强了幼儿的灵敏、协调、柔韧、平衡身体素质的发展。每学期一套的操节活动以年级为单位进行，更好地加强了班级间孩子们的联动，团结协助精神。

5.《逐球跃动乐无穷》——丰富户外球类区域活动

我们将球类活动的一些基本动作与民间体育游戏的内容进行整合，分成若干个区域，按照幼儿动作发展由易到难，由简单到复杂的原则提供不同层次的材料，满足不同发展水平幼儿的需要。每个区域由教师专人负责，有针对性地指导幼儿动作。我们还打破了以班级为单位的活动组织形式，幼儿可以走出班级，与其他班的幼儿产生更多的交流，游戏活动更丰富。

6.《球你球我球游戏》——增进了亲子关系

这是一本亲子游戏集，家长与幼儿在玩"滚花生球""赶小猪""打妖怪"等游戏中体验球类活动与民间体育游戏有效融合的魅力，也增进了亲子关系。

7.《球真球美球艺术》——拓展家园共育渠道

这是一本亲子作品集，家长是幼儿园的合作者，我们引导家长巧妙利用可乐瓶、纸盒、废旧篮球、羽毛球等做成道具玩游戏，取得了家园共育的好效果。

8.《精雕细琢球意境》——丰富了幼儿园环境布置

我们充分利用三维空间（地面、墙面、天面）创设环境，真正发挥了环境的育人功能。

（二）探索出"一挑二替三拓四融"的多元嵌入整合策略

多元嵌入整合是指把多方面（或是多种有联系）的事物整理合并在一起。我们在材料、玩法等方面进行多元的整合，并探索出了"一挑二替三拓四融"的方法，在游戏开展中取得了更好的效果。

一挑：即挑选。原指从若干人或事物中找出适合要求的。一是挑选出适合本园幼儿玩的球类。玩球是幼儿与生俱来的天性，但由于幼儿年龄小，动作的协调性与精确性还未完全发展，为此，我们立足于《纲要》提出的"以幼儿感兴趣的方式发展幼儿基本动作"的精神，挑选出篮球、足球、手球（报纸球）、羊角球、曲棍球等适合本园幼儿玩的球类；二是挑选出适合融入球类的民间体育游戏。我国民间游戏尽管资源丰富、源远流长、包罗万象，但也存在不适合幼儿发展的一些资源。为保证活动内容的科学性和适宜性，我们以"幼儿为中心"，从幼儿的视角出发，挑选出符合幼儿年龄特征的民间体育游戏，如：赶小猪、打妖怪、抢椅子、木头人等。

二替：即替换。原指把原来的（工作着的人、使用着的衣物等）调换下来或倒换。我们主要是将原来玩民间体育游戏的器械材料替换掉，这里有两个替换原则。一是原来的材料不安全或找不到，如"飞箭投壶"的游戏，现代社会已找不到"飞箭"，于是我们用手球或报纸球替换了"飞箭"，让孩子们把手球对准目标投进教师用纸皮箱自制的"壶"里；二是要增加游戏的趣味性，如"踢毽子"的游戏，把毽子替换成报纸球，"揪尾巴"的游戏，在"尾巴"加上各种小球。

三拓：即拓展。原指在原有的基础上，增加新的东西，是质量的变化，而不是数量的变化。我们就是将民间体育游戏的玩法进行拓展。如"跳房子"，幼儿跳到房顶，拿手球（篮球、保龄球、报纸球）投掷目标后再跳回起点；"炒黄豆"，幼儿从起点到终点，玩了炒黄豆游戏后，把放在终点的球运（拍、抱）回起点。

四融：即融合。指球类活动与民间体育游戏相互融合，也就是球类活动与民间体育游戏在语言、动作、情景找到新的契合点，形成新的动作。如玩"老狼老狼几点钟"时，孩子边练习行进间运球，边问"老狼老狼几点钟"，老狼回答几点钟时，孩子就抱着球不动，老狼转身的时候，孩子们继续边走边拍球，当听到老狼回答天黑了，就想办法保护好球不让老狼发现或跑回家去。这样，把球类活动和民间体育游戏相互融合，孩子们玩得更开心了。如"老鹰捉小鸡"，也是孩子们比较喜欢玩的传统民间体育游戏之一，在学会传统的玩法以后，老师让孩子们把乒乓球放在前面一个小朋友的衣服里面，要求孩子在玩老鹰捉小鸡的时候还要保护好鸡妈妈的"蛋"，不能让"蛋"掉下来，进而培养孩子的躲闪、平衡、合作能力及身体协调性。

（三）有效地促进了幼儿的发展

课程研究立足于幼儿的兴趣和年龄特点，注重以活泼多样的方式和丰富的指导策略帮助幼儿在增强体质的同时掌握运动知识和技能，并在各种比赛、竞争中形成乐观向上、团结合作等个性心理品质，从而不断提高幼儿的综合素质。

实施课程研究以来，我们分别对实验班与对照班的幼儿就出勤率、发病率、身高、体重、拍球等进行了测试与统计，并做了认真的分析（表1，表2）。

表1 实验班与对照班幼儿的出勤率与发病率对照

项目 / 班别	出勤率（%）		发病率（%）	
	2017学年	2018学年	2017学年	2018学年
实验班	92.80	93.70	3.08	1.30
对照班	91.00	91.08	3.60	2.40

表2 实验班与对照班幼儿在身体形态、运动能力等方面的对照

（时间为2017年9月—2019年5月）

		身高（厘米）		体重（千克）		连续跳（分）		拍球（分钟）	
		x	s	x	s	x	s	x	s
实验班	实验前	102.20	2.98	15.10	1.12	1.87	0.34	1.60	0.61
	实验后	114.40	2.90	18.98	1.91	5.20	0.91	5.67	0.60
	增幅%	12.00		25.70		178.07		254.38	
对照班	实验前	102.31	3.71	15.53	2.12	1.86	0.58	1.61	0.86
	实验后	113.14	3.77	19.50	2.33	4.57	0.73	4.32	0.89
	增幅%	10.59		25.56		145.70		168.32	
T		1.49		0.92		2.85		6.69	
P		>0.05		>0.05		<0.01		<0.01	

说明：①连续跳、拍球的评价以专门设计的评价表来测量和得分，6分为满分。②表中所示：>0.05为不显著，<0.05为显著，<0.01为极其显著。③表中的英文字母含义为：x，平均值；s，标准值；T，检验值；P，显著值。

从以上统计数据中可知，幼儿身高、体重这两项指标，虽然实验班与对照班的数据对比不显著，但可以看出实验班在实施活动课程后，身高、体重的增长幅度比对照班要大。

从运动指标看，实验班的动作比对照班发展显著，这说明我们开展的课题研究能有效地促进幼儿动作的灵敏性、腿部力量的发展，促进幼儿的生长发育。

实验班在适应能力方面特别是在发病率的改善程度上高于对照班，说明了课题的开展对幼儿身体适应能力有较显著的促进作用。

我园的很多球是幼儿参与制作而成的，在制作的过程中，有的是稻草，有的是泡沫，有的是纸类，幼儿在运用这些事物的过程中就有了更深刻的印象，扎、贴、粘、剪等动作技能、视觉、触觉、美感等都得到了发展；幼儿进行户外球类活动时，球的大小、轻重、质地等又在不经意间使幼儿获得了不同的感受，他们的拍、滚、接、踢、传、投等基本动作也得到了较好的发展，提高了幼儿动作的灵活性、协调性，促进了幼儿身体素质的提高。在游戏活动中，幼儿与同伴合作游戏的意识与能力进一步增强，团队精神得到培养和锻炼。近年我园有18人次的幼儿参加县、市、省等各项比赛获得好成绩。幼儿的球操获得了2018年阳山县县城幼儿园大班幼儿体操比赛一等奖。

（四）促进了教师的专业成长

课题研究的三年是教师成长的跨越期，在教学和教研方面取得丰硕的成果。在课题研究过程中，每位教师都有相关研究任务，她们接受课题组园本理论研修，借鉴其他省市研究的先进成果及相关学科的研究成果，并得到省区市体育专家的引领，每学期扎实有效地进行课题研究及反思，使教师提升了的理论素养，锻炼了科研能力。

1. 提高了学习能力

通过实验，教师在专家有针对性的理论与技术指导下，不仅比较深入地了解了幼儿体育活动、球类活动等理论知识，并能运用探索出来的策略进行实践，开展丰富多彩的游戏活动。

2. 提升了专业能力

在课题研究过程中，教师根据幼儿的年龄特点、发展能力及兴趣来设计活动方案、投放活动材料以及创设活动环境。课题组成员从每学期的交互观摩常态课、集思广益精品课、同课异构比赛课，到对黄坌镇中心幼儿园、太平育星幼儿园的帮扶指导，再到开发体育园本教材，教师的专业能力在各种交流活动中不断提升。

3.增强了科研实践能力

教师在"教学实践—反思、分析—寻找解决方法—教师实践"的螺旋式探究、论证中，知识和能力得到了同步提高。课题研究期间，我们开发了120多种球类活动与民间体育整合的游戏，将撰写的研究成果汇编了《论文集》等12本文集。笔者撰写的《试论幼儿园开展球类活动的策略》在《师道》上刊登、邓彩燕撰写的《球类活动与民间体育游戏整合的实践与研究》在《文化研究》上刊登等共发表论文，国家级1篇、省级18篇、市级10篇、县级7篇；课题组成员撰写的研究论文、活动设计等在各级各类评比中获奖。

（五）有效辐射了课题的研究成果

随着本课题研究的深入，其示范和带动效应也逐渐显示出来。笔者多次在各幼儿园会议上做课题成果分享，与其他姐妹园（连州市祥源春天幼儿园、连州市春天国学幼儿园）探讨交流，使课题的研究成果得到很好应用的同时也为我县体育教学研究起到了积极的推动作用。

四、反思

在实践研究中我们仍存在一些问题，有待进一步改进和研究：

1.课程构建需进一步完善，对各年龄段幼儿教学目标的要求、教学的重难点还把握不到位。

2.课程活动评价体系需要进一步完善。

以上的问题有待我们去解决，不因课题结束而终止开展球类活动与民间体育游戏整合的活动探究，我们将不断地开展下去，深入研究它，使其更加完善，真正让孩子体会到球类活动与民间体育游戏整合活动的乐趣，体验成功的喜悦。

📖 **参考文献**

［1］陆克俭，白洪，李春玲.创意幼儿体能活动大全［M］.南京：江苏凤凰教育出版社，2011.

［2］李姗泽，刘婧，杨兴国.民间游戏融入幼儿园教育活动之行动研究［M］.桂林：广西师范大学出版社，2012.

［3］李林.体育课程内容资源开发的理论与实践.［M］.南京：南京师范大学出版，2006.

［4］中华人民共和国教育部.幼儿园教育指导纲要（试行）［M］.北京：北京师范大学出版社，2001.

［5］上海市教育委员会教学研究室.幼儿园课程图景［M］.上海：华东师范大学出版社，2013.

［6］洪静翔.幼儿园球类活动理论及设计集锦［M］.南京：南京师范大学出版社，2010.

［7］徐俊君.幼儿园乡土体育游戏［M］.北京：教育科学出版社，2016.

［8］秦元东.浙江儿童民间游戏：现状与传承［M］.杭州：浙江大学出版社，2011.

［9］中华人民共和国教育部.3-6岁儿童学习与发展指南［M］.北京：首都师范大学出版社，2012.

传承创新民间体育游戏，促进幼儿身心健康发展

清远市阳山县碧桂园幼儿园　肖燕霞

在教育"全球化""国际化"浪潮日益奔涌的今天，加强民族文化的教育已成为各国学前教育的共识。我国作为文明古国，积淀了丰富的民间体育游戏资源。这些资源也是传统文化、民族文化的重要组成部分，对其充分挖掘和利用是传承中华优秀传统文化的重要举措。利用民间游戏开展幼儿体育活动，能让幼儿在活动中感受祖国民族文化的丰富与优秀，从而培养幼儿热爱家乡、热爱生活、热爱祖国的朴素情感。

《幼儿园教育指导纲要（试行）》中也明确地提出："体育是促进幼儿全面发展的重要手段，开展丰富多彩的户外游戏和体育教学活动，用幼儿感兴趣的方式发展基本动作，培养幼儿参加体育活动的兴趣和习惯，使他们在快乐的童年生活中获得有益于身心发展的经验。"但在现代科学技术迅速发展的今天，大量声、光、电等高科技玩具产品进入幼儿园，许多适合幼儿发展的民间体育游戏没有得到幼儿教师的重视，丰厚的民族文化资源没有得到应有的开发和利用，这不能不说是一种遗憾。为此，我们尝试将民间体育游戏有机地渗透到幼儿的教育活动之中，使幼儿园体育游戏活动更加丰富、课程更具特色，对幼儿的动作发展更有利。

一、基于大量高科技玩具进入幼儿园冲击我国民间传统体育游戏的传承与缺失

中国作为一个有着五千多年历史的传统文明古国，历经千百年岁月洗礼而流传下来的民间体育游戏，汇聚着诸多游戏的典范和精华，蕴含着中华民族的精神和品格，这些优秀的民族民间传统体育游戏既有利于少年儿童身心健

康发展，又简便易行，特别受到孩子们的喜爱。但据调查，80%的家长在非理性教育观、价值观的影响下，热衷于将幼儿"圈"在家里玩高档电子玩具或价格昂贵的洋玩具，幼儿几乎丧失了参与传统民间体育游戏的机会。许多适合幼儿发展的纯朴归真的民间体育游戏被教师和家长所忽视或遗忘，逐渐与生活脱离，甚至有被现代玩具完全取代的可能，致使过去一些自发、自由、自主、合作，有利于促进幼儿语言、情感、思维、交往、合作能力等良好个性品质的均衡发展的民间体育游戏得不到开发与应用。基于大量的高科技玩具冲击幼儿园民间传统体育游戏教学，我们整合了园本内外课程资源，本着弘扬乡土文化、传承民间体育游戏的原则，探讨踩高跷、跳格子、跳皮筋、玩陀螺、滚铁环、老鹰捉小鸡等一系列民间体育游戏活动新玩法，让幼儿在游戏中感受那种自然的心境、纯朴的味道和童真的乐趣，感受祖国文化的丰富与优秀，使得民间体育游戏这一珍贵的民族文化财产得以传承，并赋予它新的生命力。

二、基于园本实践强化民间体育游戏的传承与创新以促进幼儿身心健康发展

1. 坚持开展游戏，融入一日活动，有助于幼儿身体的发展

俗话说得好：一年之计在于春，一日之计在于晨！为了让幼儿每天都精神饱满，我们向家长和幼儿们宣传晨运对健康的重要作用，鼓励他们按时回园参加体育活动，从而调动起幼儿一日的活动热情和积极性。我们根据幼儿园的场地因地制宜开展各种晨间活动，如在运动场开展《官兵捉贼》《通电》《磁和铁》《老狼抓人》等大范围的追逐游戏，促进幼儿走、跑、躲闪等动作的发展；在游泳池里玩一些《网小鱼》《麻雀和稻草人》《木头人》《卷炮仗》的游戏；在走廊开展《飘糖纸》《挤油》《螃蟹走》等利用墙壁玩的游戏。我们还将游戏融入幼儿一日活动，在活动间的空隙、自由活动时间里，玩各种不受时间和场地限制、不用借助材料的游戏，比如"剪刀、石头、布""拉大锯""炒黄豆""拍大麦""翻绳""猜中指"等；针对雨天在室内利用桌椅，进行"钻山洞""过小桥"的游戏，发展孩子钻、爬、平衡的能力。有了民间游戏渗入，一日活动中幼儿等待的时间减短了，各个环节之间自然过渡，使幼儿一日活动"管而不死、活而不乱"。通过几年的实践（见表1），幼儿在玩中提高了灵敏性、平衡了协调能力、锻炼了肌肉，为幼儿运动能力的提高和身体的发展奠定了良好的基础。

表1 实验班与对照班幼儿动作测查结果对比（2013年6月）

动作类型	跳跃动作			拍球接球动作		跑步动作		投球动作		手指动作			平衡动作			攀爬钻爬动作	
动作名称	立定跳	单脚跳	双脚左右交换跳	拍球	接球	直线跑道	曲线跑道	投球入筐	投球	串珠	系鞋带	穿衣裤	直线走平衡木	走障碍物平衡木	头顶沙包走平衡木	爬过攀爬架	爬过钻爬架
测量单位	厘米	8米/秒	8米/秒	30秒/次	10个球/次	20米/秒	20米/秒	10个球/次	米	30秒/个	秒	秒	秒	秒	秒	秒	秒
实验班大三班	93.8	5.75	7.86	75.5	8	5.8	9.9	6	3.8	6.7	37	22.32	2.4	2.7	2.7	14.2	7.9
对照班大四班	84.69	7.1	9.18	70	6.9	7	11.6	5	3.6	5.47	44	29.3	2.98	3.34	3.13	16.52	9.57
对比差数	9.11	1.35	1.32	5.5	1.1	1.2	1.7	1	0.2	1.23	7	7	0.58	0.64	0.43	2.32	1.62
对比差率%	9.70	19	14.30	7.20	13.70	17.10	14.60	16.60	5.20	18.30	15.90	23.80	19.40	13.70	13.70	14	17.40

2. 尊重个体差异，开展户外游戏，有助于幼儿智力的发展

100个幼儿有100种语言。每个幼儿都有不同的特点，有些特别内向不愿意参加游戏活动；有些比较顽皮，经常不遵守游戏规则；有些不太会和同伴交往，在游戏中不会与人合作；还有一些幼儿的动作发展不够协调，动作较笨拙，跟不上其他幼儿。为此老师充分尊重他们的个体差异，因人而异，因材施教，并针对合作意识不强的孩子，专门组织他们玩集体性强的游戏。

如《同穿一件衣服两人夹球往前跑》《滚纸圈》等，四五个幼儿在齐心协力让纸圈往前滚的同时就学会了合作。对于胆子较小、怕困难的幼儿，老师会让他们玩爬轮胎、走平衡木、过障碍物等游戏，随着难度的一点点增强，幼儿们的胆量也在慢慢变大。集各种动作、有趣的语言和开放的思维于一体的民间体育游戏在幼儿智力发展方面有着积极的作用和影响，首先是有利于提高幼儿的知识水平和扩大幼儿的视野。其次是有助于幼儿的语言能力的发展和提高，尤其是一些伴随朗朗上口民谣一起进行的游戏，更给幼儿带来无穷的乐趣。

如"荷花荷花几时开"，幼儿在一问一答的游戏过程中提高了学习的积极性，了解和学习了一些基本的科学常识，同时激发了幼儿探索和认识大自然的兴趣，语言表达能力也有一定程度的提升。

3. 激发幼儿兴趣，改编创新游戏，有助于幼儿品性的培养

为了使民间体育游戏的内容和形式更加丰富和灵活，我们以幼儿兴趣为出发点，在保留民间体育游戏的原有名称和风格的基础上，增加游戏目标，从民间体育游戏的内容、游戏的组织形式和游戏材料等三个维度进行改编与创新。

例如："丢手绢"是几辈人都喜欢的游戏，但是总出现个别幼儿乐此不疲地追跑，而一些幼儿晾在一旁，或者总是单调的放和追，兴趣保留得不长久。于是我们对此游戏进行了结构改造、玩法增多和规则修改等改进。一是改变规则，每人只能丢一次，给每个孩子提供了机会；二是一人丢一条手绢改为丢多条手绢，或者多人同时丢手绢，减少孩子的等待时间，提高参与度；三是将单纯追跑的方式变为单脚跳、双脚跳、倒退走等方式。带有竞争性质的民间体育游戏使幼儿面临成功或失败，当幼儿获得成功就会感到喜悦，有成就感和满足感，就会增强自身的自信心；当幼儿失败了就会受到打击，挫败感会让幼儿的情绪变得烦躁，他们可能会暂时停止游戏，但每个幼儿都希望自己最后都能够在游戏中获得成功，在这样的心理状态驱使下和丰富有趣的游戏的吸引下，幼儿会自然地认识到自己的不足和弱点并加以克服，遵守规则，继续参与到游戏的过程当中。如此一来幼儿在共同游戏的过程中，通过相互模仿，学着协调各种矛盾和关系，就学会了如何控制自己的情绪、调整自己的行为以及如何解决人际关系争端，学会了如何与别人友好的相处等，良好的心理品质也得到发展，比如乐于助人、分享和合作等一些亲社会行为，社会性得到发展。

近年来，我们整合园本资源，收集、改编和创编了幼儿民间体育游戏达90多种，开发出小、中、大班3本《创意幼儿民间体育游戏集》，汇编出版了两本《自制教玩具集》，初步形成了幼儿园民间体育游戏的教学基本框架，填补了幼儿园开展民间体育游戏教学的空白。

4. 建立资料档案，个案追踪研究，有助于幼儿个性的培养

个案追踪记录是幼儿个性发展的诊断书，在实验初期，每个实验老师都会在班上通过观察和测试选取一名"特殊"幼儿，通过建立资料档案，对幼儿的发展进行纵向个案研究。这些案例涉及：身体素质差、耐挫能力差、动作发展差的孩子，也可以是在游戏内容、方法上创新能力强的孩子。

通过设计《幼儿身体素质发展测评表》和《体育游戏中幼儿创新行为观察记录方案》，进行定期取样观察，对孩子身体发展、心理品质、创新意识等表现进行观察记录，了解孩子发展情况，为课题研究的实践意义提供现实依据，有助于幼儿个性的跟踪和培养。我们还结合各种节日，积极创造机会，为幼儿搭建演练舞台，通过开展融合走、跑、跳、投、钻、爬等动作的各种游戏，为幼儿创造表现自我的机会，张扬他们的个性。

5. 组织游戏竞赛，开展亲子活动，有助于改善亲子关系

我园历来重视家园共育活动，因此民间体育游戏的开展怎能少了家长的身影呢？草长莺飞的春天我们带领幼儿去连江公园进行远足活动、到新县府公园踏春；夏天，水是孩子们最好的朋友，在确保安全的情况下，我们带孩子到水中嬉戏；秋高气爽的重阳节我们去贤令山登高；冬天我们开亲子运动会。为了让家长都参与到民间游戏中来，在运动会上我们设计了适合不同家长玩的游戏，有奶奶与孩子玩的《过小河》、妈妈与孩子玩的《推小车》、一家三口玩的《毛毛虫》等游戏。趣味十足的游戏受到家长的一致好评，运动会结束后，不少家长还主动和我们畅谈参加亲子运动会的感想体会，希望我们多开展这些有益身心健康发展的活动！亲子游戏极大地改善了亲子关系，在增进亲子感情

的同时也让家园关系更融洽。

近年来，为进一步挖掘民间体育游戏这一瑰宝，进一步探索游戏在幼儿动作发展中的积极作用，我园还积极与各乡镇幼儿园开展结对交流活动，使得民间体育游戏在我县幼儿园活动中得到了普遍的重视和广泛开展，起到很好的以点带面的辐射作用，深受幼儿园、家长及幼儿的好评，取得良好的社会反响。

试论幼儿园开展球类活动的策略

清远市阳山县碧桂园幼儿园　肖燕霞

球类活动是一个统称，主要包括手球、篮球、排球、羽毛球、网球、高尔夫球、藤球、毽球、乒乓球、保龄球、弹球，等等。其中应用比较广泛的是篮球、足球、网球、羽毛球、毽球一类。

球类活动种类众多，灵活多变，不仅能单独玩耍，也能集体玩耍。球类活动还具有一定的趣味性，深受幼儿的喜爱。但是从我国幼儿园的整体情况来看，球类活动的开展存在严重的不足，很多幼儿园都没有专门的场地供幼儿玩耍。无论是哪一种球类活动都能锻炼幼儿的体力，增强幼儿的身心健康。同时一些集体性的球类活动，篮球、足球还能提高集体的协作能力，增强幼儿团结协作思维能力，对于孩子的发展起着重要的作用。

开展球类活动的过程中，幼儿园起着重要的作用，想要大力开展球类活动，传播球类活动，就需要幼儿园做到以下几点。

一、提高对球类活动的重视

现有的幼儿园中，我们随处可见的是幼儿的玩具和器材，对于球类我们看到的却比较少。如果想要在幼儿园大力的推广球类活动，幼儿园就要承担起推广球类活动的重任，提高每个老师对于球类活动的重视，每天抽取一定的时间组织球类活动和幼儿一起玩耍，提高师幼的互动能力，提高师幼感情，促进幼儿的全面发展。幼儿园要对老师进行教育，让每个老师都能了解到更多的球类活动，更熟悉球类活动。幼儿园将球类活动列入课程中，每天设置固定的课程，将幼儿组织在一起进行球类运动活动。同时幼儿园要提供开展球类活动所需要的材料和场地，保证幼儿进行游戏时的人身安全。

二、提供相应的球类活动场地

幼儿园要为幼儿的球类运动提供场地，场地要大小适宜、干净、卫生。最重要的是场地要保证幼儿的安全。老师要尽量鼓励幼儿多参与到运动中来，对于需要分组的球类运动，老师要尊重幼儿的自我选择。幼儿园的老师可以根据季节与天气的变化，为幼儿准备不同的室内室外球类活动。比如天气很好的时候，幼儿园可以组织幼儿一起出去踢足球，不仅能锻炼孩子的体力，还能提高幼儿之间的协调能力；天气不好的时候，可以在室内组织幼儿一起进行毽球、羽毛球、乒乓球等活动。

三、加强球类活动在家庭中的宣传

我们都说父母是孩子的第一任老师，父母的行为对于孩子的影响是非常大的。家长无论几点下班都要和孩子玩一会儿，有很多的球类运动，比如毽球，不会受到场地的限制，在家里的时候家长能陪幼儿一起玩。家长要少给孩子买玩具，多陪孩子做运动，不仅能加强和孩子之间的情感交流，也能让孩子变得更健康。我国教育行业也在不断地鼓励家庭教育，重视父母陪同孩子进行运动。但是现在的很多家庭因为工作繁忙，都忽略了和孩子之间的相互游戏。这就需要幼儿园加强对于球类活动益处的宣传，多和幼儿的家长进行交流，告诉家长和孩子做游戏的重要性，提高家长对于球类活动的重视，这样才能更好地和孩子相处。

四、提升教师球类活动学习的能力

俗话说，授人以鱼，不如授人以渔。幼儿园要重视球类活动，将球类活动编排到课程中，幼儿园要注意加强对于球类活动的收集、整理、研究。将球类活动的玩法归结到档案中，教师要加强学习，每天准备不同的游戏带领幼儿玩，有针对性地组织和开展民间传统游戏，用优秀的民间传统游戏来丰富幼儿园的教育活动，来不断丰富幼儿社会性发展。

五、筛选适合幼儿参与的球类活动

球类发展历史悠久，球类活动的数量可谓不胜枚举。但是在有些球类活动中，也存在危险性和困难性。幼儿园的幼儿都比较小，这时候想要开展球类活动，就需要幼儿园进行层层的筛选，选择适合幼儿年龄段的游戏，不然游戏有危险，对于幼儿的健康很不利，游戏太难，幼儿做不好，也会对他们产生一种挫败感，这对于幼儿的身心健康发展都是不利的。所以，这就要求幼儿园根据幼儿的实际情况去筛选合适的球类活动，选择安全性有保障和难度适中的游戏，这样才有利于幼儿进行球类游戏活动。

对于幼儿的教育，不仅要重视智力的开发，体能发展也一样重要。球类活动因为种类众多，玩法也不尽相同，更能受到幼儿的喜爱，开展球类活动不仅需要老师的组织，幼儿园也一定要提高对于球类活动的重视。幼儿园要加强场地的建设，购买球类运动器材，尽量为幼儿提供种类多样的球类活动器材。只有这样才能大力开展球类活动，通过丰富多彩的球类活动，提高幼儿的身心健康，促进幼儿的全面发展。

参考文献

［1］张红如.幼儿园足球教学的组织策略［J］.科普童话，2017（47）：120.

［2］葛小芬.有效评价，促进幼儿球类活动［J］.考试周刊，2016（62）：193.

［3］潘娟.球类游戏对幼儿身心健康的影响［J］.科普童话，2016（7）：6.

［4］胡筱玥.让幼儿在球类游戏中感受运动的快乐［J］.学子（理论版），2015（15）：23.

［5］严韫玉.幼儿园球类游戏材料的开发和利用［J］.考试周刊，2015（56）：193.

［6］王燕.如何有效运用球类运动发展幼儿协调能力［J］.学苑教育，2012（16）：17.

依托民间体育游戏，丰富家园共育活动

清远市阳山县碧桂园幼儿园　肖燕霞

《幼儿园教育指导纲要（试行）》明确指出："培养幼儿对体育活动的兴趣是幼儿园体育的重要目标，要根据幼儿的特点组织生动有趣、形式多样的体育活动，吸引幼儿主动参与。""家庭是幼儿园重要的合作伙伴，应本着尊重、平等、合作的原则，争取家长的理解、支持和主动参与，并积极支持、帮助家长提高教育能力。"民间体育游戏源远流长，具有易学、易会、易传的特点，把趣味性、娱乐性、随机性和简便性融为一体，是我国宝贵的文化遗产。几年来，我园开展了有关民间体育游戏的课题研究，通过课题研究，我们体会到，民间体育游戏既能丰富幼儿园体育活动内容，又能促进幼儿身心和谐发展；民间体育游戏更是改善和促进亲子关系的一条捷径，为家园共育架起了一座彩虹桥。

一、多管齐下，促进家园沟通

挖掘和开展民间体育游戏，必须要得到家长的认可。为更好地开展活动，让家长及时地了解我们的情况，配合我们活动的开展，我园通过以下途径来达到目的。

1. 问卷调查，明晰思路

本着对民间体育游戏在家园共育所起的作用，我们对家长进行了问卷调查。内容围绕：您知道什么是民间体育游戏吗？您和孩子一起玩过民间体育游戏吗？玩过哪些民间体育游戏？您希望孩子参加民间体育游戏的锻炼吗？等10个问题展开。通过调查发现：90%的家长知道民间体育游戏；70%的家长和孩子一起玩过民间体育游戏；100%的家长都希望孩子参加民间体育游戏锻炼。

而在玩过哪些游戏的内容上，大部分家长选择为跳绳、跳房子等较单一的活动。从问卷调查中我们还发现了一些问题：许多家长还不能清楚地认识到，为孩子提供丰富的活动内容和材料更能激发孩子参与活动的兴趣。调查数据增强了我们开展活动的信心，问题则为我们今后的活动指明了方向。

2. 体验内化，调动热情

鉴于问卷调查和现有教材中可借鉴的民间游戏活动屈指可数，我们便通过召开座谈会向家长开展征集活动。在会上家长们重温了童年生活，回忆小时候都玩过的民间体育游戏，讨论的场面非常热烈，大家一时都沉浸在幸福的美好回忆中，《老鼠笼》《网小鱼》《拾豆子》《拉大锯》《踩高跷》等一系列民间体育游戏，展现在大家面前，有的家长说："以前孩子在家里总要求我和他玩游戏，自己却认为不会玩。只知道带孩子去买高档玩具，怎么就没想起教孩子玩一玩咱们小时候的游戏呢，既省钱，又能让孩子多运动，使孩子身心各方面得到发展。"

3. 宣传到位，事半功倍

我们意识到活动要深入持久地开展下去，必须要把宣传工作做到位，为此将宣传渗透到家长园地专栏、班级博客、幼儿园网站等。每月我们会向家长介绍几个可以在家玩的民间亲子体育游戏，游戏的选择也是有一定讲究的，材料的准备以简单、随手可取为主，内容具有一定的趣味性。例如：用枕头玩的游戏《小马运粮》，让孩子扮演小马，爸爸在小马的背上放上"粮食"（枕头），让小马把"粮食"运到（手膝着地爬行）对面妈妈那里，以发展孩子的爬行能力等。每次在幼儿园网站或班级博客上传我们每月的家庭民间亲子体育游戏方案后，我们还会及时通过家讯通的方式给家长发消息提醒他们。值得一提的是，考虑到部分家长受家庭条件、文化水平的影响，不能及时在网上了解活动内容，我们还会在家长园地专栏进行宣传，让家长在接送孩子的时候更方便地了解。

4. 创设环境，资源共享

我们建议家长充分利用家庭中的空间为孩子创设活动区，最大限度地扩大孩子活动的空间，并充分利用好这些空间。例如：在客厅摆上一些小椅子，和孩子玩多种姿势的传球游戏，或进行钻爬活动，发展动作的灵敏性；在阳台上挂拉力器，让幼儿练习臂力，或挂上小网兜，让孩子用沙包练习投准，提高动作的准确性。再者，场地宽阔，绿树成荫，环境优美，空气新鲜，阳光充足的社区户外场地、自然界都可作为游戏的场地，家长和孩子可以在树荫下跳皮筋，可以在平整的水泥地画些富有情趣、五颜六色的"飞机""方格房子"等图案一起玩《跳房子》《开飞机》，可以在草地上吱扭吱扭地《推小车》，还可以三五成群的在花坛边玩《老狼老狼几点钟》《老鹰捉小鸡》等游戏，让大家的生活丰富多彩，更让民间体育游戏深入人心。

二、自制器材，凝聚家园智慧

家庭是幼儿园重要的合作伙伴，民间体育游戏中有许多简便的活动材料都来自我们的日常生活，如粗绳子、板凳、铁罐等，但这些活动材料功能较为单一，不能完全满足和支持幼儿进行不同类型的游戏。为了使它们能够物尽其用，也为了培养幼儿的节约意识，树立变废为宝的环保观念，我们重视家长的参与，发挥家长的聪明才智，鼓励家长和孩子利用废旧材料、自然物等共同参与、创新制作体育器具，使自制体育器材成为幼儿园现有体育器材的补充。如用废旧报纸做成的纸球，用果奶瓶制作的"手榴弹"，用碎布头、棉花、沙子等制成的沙包，让孩子练习投准；用旧挂历做成的纸棒，让孩子练习跳跃；用露露罐制作的小木桩，让孩子练习平衡，等等。在自制器材的过程中，家长和孩子们都倾注了心血，做得非常认真，作品不光美观，而且实用性很强，牢固度也很高。在游戏中，因为是自己的劳动成果，他们玩起来就更有劲、更有成就感，同时也会更加爱惜自己的玩具。看到家长和孩子欢快的笑脸，我们认为活动的开展不但能发展幼儿动作的协调能力和与父母之间的合作能力，还能使家长对体育玩具的制作有了更加深刻的认识。现在很多家长都把目光从市场出售的现成玩具转向利用废旧物品制作并适合孩子发展的自制玩具，他们也对教师的工作有了更加深刻的认识，为家园更好地开展合作扬起了风帆。

三、亲子活动，促进家园交流

民间体育游戏是社会化的娱乐活动，也是玩耍与竞赛的结合体，它能唤起家长陪孩子玩的兴致，是促进和改善亲子关系的载体，是架起孩子与家长之间心灵交流的一座桥梁。鉴于此，我们开展了亲子郊游、运动会、重阳节登高等形式多样、内容丰富的活动，为收到好实效，我认为要做好以下几点。

1. 人人参与，互动不断

为了充分发挥有效的教育资源，提高亲子活动的实效性，在活动中我们会根据不同年龄的家长设计不同的游戏供家长选择。例如：在连江公园举行秋游活动中，由于爷爷奶奶年纪大了，身体不够灵活，因此我们会选择一些如《过小河》（规则是爷爷奶奶把用泡沫板制作成的石头放在幼儿前面，孩子跳过去即可）等技巧性简单、运动量小的游戏，而为爸爸妈妈设计就是《猴子摘桃》（规则是孩子悬挂在爸爸妈妈的脖子上，快速向前跑，以锻炼孩子四肢的力量）等充满挑战性的游戏。这样可以让所有的孩子、家长都参与，形成孩子与家长之间、孩子与环境的多向互动，促进家园教育的同步发展。有位家长曾在一次游戏过后这样说道："幼儿园举行这样的活动太有意义了，我对女儿要求一直比较严格，她很怕我，平时不太愿意单独跟我一起出门玩，我也觉得我们之间不够亲密，想了很多办法都没有用，为此我很苦恼！在今天的游戏中，她主动要求我和她玩《猴子摘桃》游戏，因为她知道爸爸比妈妈要跑得快，我们赢了以后，她偷偷对我说爸爸你真厉害！我们下次再玩好吗？听了她的话我很感动，你们以后要多开展这样的活动，我一定积极参加。"

2. 增强趣味，愉悦身心

情节有趣，形式活泼多样的民间体育游戏更容易激发家长和孩子的活动兴趣和愿望。例如：《赶小猪》这一游戏的玩法就是家长和孩子一起将用报纸制作的球当作小猪，把一群小猪从出发地赶到指定的地点，边赶还要边说"小猪小猪快回家"，最后以赶的小猪多且快的为胜。有趣的游戏情景，充分调动了家长和孩子的积极性，让家长和孩子化被动为主动，充分体验了玩的乐趣。

3. 团结互助，增进亲情

民间体育游戏具有竞争色彩，年龄越大的孩子对于一些竞赛性强、难度高的游戏更感兴趣并勇于挑战。例如：我园每年在贤令山举行的"大班级重阳登高亲子活动"就具有很大的挑战性，登山比赛的路线是从山脚下的贤令山牌坊出发，爬过大概1000个台阶到达英雄广场，比赛形式以家庭成员组合（2～3人）为单位参加，以同时最快到达指定路线为胜。每次活动，家长和孩子们的热情都很高，他们互相手牵手望着长蛇一般的台阶一步一步向前爬，妈妈累了，就让孩子先往上爬，喘过气后再追。从来没有人放弃，当大家都爬到山顶享受成功与胜利的喜悦时，亲子情感也在不断升温，孩子的自信心慢慢增强，从而形成锐意进取、机智勇敢的良好个性品质。

4. 增强防范，确保安全

在亲子运动活动中，不仅要注重孩子的自我体验、自发游戏、自我展示，也要注意意外事故的发生。因此，每一次活动前，我们都制订安全预案，发给家长人手一份，要求家长树立高度的责任心，确保活动过程中孩子的安全。游戏时要求家长以身作则，遵守活动规则，在活动中培养孩子自我保护能力，增强孩子规则意识，促进孩子健康成长。

多年来，我园依托民间体育游戏的开展，密切了家园关系，促进了家园共育，让我清醒地意识到：赢得一个家长就等于赢得一百个家长，放弃一个家长就等于放弃一百个家长。只要把家长工作做得扎实、到位，就能抢占幼儿教育的制高点，从而获得社会对我们工作的肯定、认同，实现幼儿园教育与家庭教育双赢。

借民间体育游戏之优势，让幼教科研之花悄然绽放

清远市阳山县碧桂园幼儿园　肖燕霞

我国作为文明古国，积淀了丰富的民间体育游戏资源。这些资源也是传统文化、民族文化的重要组成部分，充分挖掘和利用是传承中华优秀传统文化的重要举措。《幼儿园教育指导纲要（试行）》中也明确地提出："体育是促进幼儿全面发展的重要手段，开展丰富多彩的户外游戏和体育教学活动，用幼儿感兴趣的方式发展基本动作，培养幼儿参加体育活动的兴趣和习惯，使他们在快乐的童年生活中获得有益于身心发展的经验。"为此，我们尝试将民间体育游戏有机地渗透到幼儿的教育活动之中，开展了《利用民间体育游戏，促进幼儿动作发展的实践与研究》的课题研究，从园本研究起，先后经历了县、市级立项，其探索研究前后经历10年时间。创新性地提出了一整套利用民间体育游戏开展幼儿体育活动、促进幼儿动作发展的思路和操作方法，丰富了幼儿园教育教学内容，增添了幼儿园体育活动的自制教具，在粤北山区幼儿教学领域中产生了较为广泛的影响，让粤北山区的幼教科研之花慢慢绽放。

一、把脉问题，精心谋划

当初为什么会选择这样一个课题进行研究呢？一是宽敞的场地空间，是开展民间体育游戏的坚实基础。我园有宽阔的空间，为游戏的开展提供了充足的场所。我园占地面积多达6 688平方米，有着宽敞的小广场、运动场、游泳池、体育游戏室、楼顶平台等活动场地，空气新鲜，阳光充足，具有得天独厚的条件。二是优质的师资队伍，是开展民间体育游戏的有力保障。我园有内外兼修的教师队伍，为游戏的开展提供了可靠的保证。我园的教师来自全县各个乡镇，不仅具备扎实的专业知识，大部分教师还掌握田径、球类、体操等民族

民间运动项目基本技能，可谓是"一专多能"，是各种民间体育游戏课程的开发与利用的设计者、组织者和实施者。三是千年的古邑山城，是开展民间体育游戏的资源宝库。我县是千年古邑，积淀了丰富的民间游戏活动资源。我们本着挖掘民间体艺资源、弘扬乡土文化、传承民间小游戏的原则，探讨踩高跷、跳格子、跳皮筋、玩陀螺、滚铁环、老鹰捉小鸡等一系列民间体育游戏活动新玩法，培养孩子们热爱家乡、热爱生活的朴素情感。四是形势的发展要求，是开展民间体育游戏的传承需要。当今社会各种高科技电子产品占领了儿童市场，美国媒体文化研究学者尼尔波兹曼在其《童年的消逝》一书中指出："电子信息环境正在让儿童'消逝'，儿童游戏正在消失"。儿童的生活大量地被各种电子产品所构筑的世界包围，从而相应地失去了许多和家长或伙伴一起玩自然游戏的机会，自然儿童游戏群体在慢慢减少，而电子信息媒介的发展又进一步分化了民间儿童游戏的参与群体。在教育"全球化"浪潮日益奔涌的今天，加强民族文化的教育已成为各国学前教育的共识。

二、选取重点，潜心实践

（一）成立组织架构，做好保障措施

我们坚持人人参与研究、个个出谋划策的原则开展课题研究。俗话说"大雁南飞靠头雁，大海航行靠舵手"，我们形成了由园长亲自引领、业务园长主抓实践、教师参与的研究队伍。为开拓教师视野，我们采取请进来、走出去的方式组织教师培训学习。

（二）勇于探索实践，推动课题开展

1. 坚持开展游戏，融入一日活动

俗话说得好：一年之计在于春，一日之计在于晨！为了让幼儿每天都精神饱满，我们向家长和幼儿们宣传晨运对健康的重要作用，鼓励他们按时回园参加体育活动，从而调动起幼儿一日活动的热情和积极性。我们根据幼儿园场地因地制宜开展各种晨间活动。我们还将游戏融入幼儿一日活动，在活动间的空隙、自由活动时间里，玩各种不受时间和场地限制、不用借助材料的游戏，比如"剪刀、石头、布""拉大锯""炒黄豆""拍大麦""翻绳""猜中指"等；针对雨天在室内利用桌椅，进行"钻山洞""过小桥"的游戏，发展孩子钻、爬、平衡的能力。有了民间游戏渗入，一日活动中幼儿等待的时间减短了，各个环节之间自然过渡，使幼儿一日活动"管而不死、活而不乱"。

2. 尊重个体差异，开展户外游戏

100个幼儿有100种语言。每个幼儿都有不同的特点，有些特别内向不愿意参加游戏活动；有些比较顽皮，经常不遵守游戏规则；有些不太会和同伴交往，在游戏中不会与人合作；还有一些幼儿的动作发展不够协调，动作较笨拙，跟不上其他幼儿。在课题研究过程中，实验老师充分尊重他们的个体差异，因人而异，因材施教，并针对合作意识不强的幼儿，实验老师专门组织他们玩集体性强的游戏，如《同穿一件衣服两人夹球往前跑》《滚纸圈》等，四五个孩子在齐心协力让纸圈往前滚的同时就学会了合作。对于胆子较小、怕困难的孩子，老师会让他们玩《爬轮胎》、走平衡木、过障碍物等游戏，随着难度的一点点增强，孩子们的胆量也在慢慢变大。

3. 激发幼儿兴趣，改编创新游戏

为了使民间体育游戏的内容和形式更加丰富和灵活，我们以幼儿兴趣为出发点，在保留民间体育游戏的原有名称和风格的基础上，增加游戏目标，从民间体育游戏的内容、游戏的组织形式和游戏材料等三个维度进行改编与创新。

《老狼老狼几点钟》是大家耳熟能详的游戏，传统玩法：首先由教师作为老狼为幼儿示范游戏玩法，2~3次游戏后，由一名幼儿扮演老狼，其他幼儿扮演小羊，小羊们跟在老狼的后面，边走边问："老狼老狼几点啦？"老狼边走边回答，经过多次回答后，老狼说："12点啦"，于是小羊们赶紧跑，可是小羊们跑了几步就蹲下来了，兴奋的老狼一只小羊也没抓到。这时扮演老狼的幼儿就不高兴了，说"老师，他们不跑我就抓不到他们了"。对呀，用什么样的办法可以让小羊们跑起来呢？这就需要既要增强幼儿的活动量，还要能够提高游戏的趣味性。于是有了游戏的创新：加入了呼啦圈，假如有15名幼儿，就投放10个呼啦圈，5只小羊在老狼的不断追逐下根本就没有机会跑到休息站里，最终有3只小羊被逮到，剩下的2只小羊以及老狼已经累得气喘吁吁了，但还是没有抓到。游戏进行不下去了！此时，老师们进行了反思，通过什么样的办法既能够平衡幼儿的跑步时间又能让游戏生动而又富有乐趣呢？于是我们让孩子们发表意见，最后一致决定尝试从游戏情节、规则和玩法入手进行改编：休息区里面的小羊可以与外面跑累了想休息的小羊用拍手的方法相互交换，如果游戏结束了，有既没被老狼抓住又没在休息区里的小羊就可以当下一轮的老狼。除了增加道具外，我们还通过改变口令改编创新游戏，如老狼最后的口

令是"2点钟"，2只小羊就抱在一起；"3点钟"，3只小羊就抱在一起；"4点钟"，4只小羊就抱在一起，依次类推，没有按照要求做的小羊就要接受惩罚。这个游戏在保留传统基本玩法与规则的基础上，对游戏背景、情节、规则与玩法等多方面进行了创新，很受孩子们的欢迎。

4. 建立资料档案，个案追踪研究

个案追踪记录是幼儿个性发展的诊断书，它主要是对幼儿发展中的一些典型事例的真实写照进行客观描述，并就事例中的幼儿行为等，从理论的高度进行分析，从而掌握推动个性发展的水平趋向。在实验初期，每个实验教师都会在班上通过观察和测试选取一名"特殊"幼儿，通过建立资料档案，对孩子的发展进行纵向个案研究。通过设计《幼儿身体素质发展测评表》和《体育游戏中幼儿创新行为观察记录方案》，进行定期取样观察，对孩子身体发展、心理品质、创新意识等表现进行观察记录，了解孩子发展情况，为课题研究的实践意义提供现实依据。

三、辛勤耕耘，收获喜悦

一分耕耘一分收获，多年的实验研究，我们有了以下的收获。

（一）开发出幼儿体育游戏园本教材《创意幼儿民间体育游戏集》

通过课题实验研究，我们共收集、改编和创编了幼儿民间体育游戏达90多种，并编成了小、中、大班3本《创意幼儿民间体育游戏集》。

1. 小班幼儿适合玩走跑类、情节丰富、规则简单、持续时间短的游戏

教师在组织游戏中主要以语言讲解和动作示范相结合的方式来进行，并且在游戏中还需要不断重复游戏规则，必要的时候教师还将作为游戏者参与到幼儿游戏中。

2. 中班幼儿适合跑跳类、简单投掷类、具有一定规则的游戏

教师的指导方式主要是语言讲解为主，结合少量的动作示范，需要特别注意在游戏的过程中提示幼儿要注意遵守游戏规则。

3. 大班幼儿适合钻爬、投掷、平衡等难度较大的、具有竞赛性的游戏

教师的指导方式主要是语言讲解为主，并减少动作示范，让幼儿尝试独立创编游戏、组织游戏，并简单对游戏结果和过程进行评价。

（二）汇编出版了两本《自制教玩具集》

游戏器材的充足与恰当，是有效开展民间体育游戏的必要条件，我们通过收集、改良和拓展等三种基本手段完善游戏材料，教师们自制了彩虹伞、沙包、飞碟、沙罐、高跷、布袋等一大批安全环保、经济实用的体育器材。在此基础上，汇编出版了两本《自制教玩具集》。

（三）促进幼儿动作的发展，提高幼儿综合素质

1. 民间体育游戏有助于幼儿身体的发展

幼儿期是幼儿身体发展最为迅速的时期，民间体育游戏符合幼儿好动的特点，可以引起幼儿参加游戏的兴趣，从而发展幼儿的基本动作，为幼儿运动能力的提高和身体的发展奠定良好的基础。大多数的游戏都离不开走、跑、跳等动作，孩子在玩中锻炼了躲闪、灵敏性、平衡协调能力和肌肉能力，加强了幼儿体质和体能锻炼，促进了幼儿身体的健康发展。

2. 民间体育游戏有助于幼儿智力的发展

集各种动作、有趣的语言和开放的思维等各个方面于一体的传统民间体育游戏在幼儿智力发展方面有积极的作用和影响，首先是有利于提高幼儿的知识水平和扩大幼儿的视野；其次是有助于幼儿的语言能力的发展和提高，尤其是一些伴随朗朗上口的民谣一起进行的游戏，更给幼儿带来无穷的乐趣，如"荷花荷花几时开"，幼儿在一问一答的游戏过程中提高了学习的积极性，了解和学习了一些基本的科学常识，同时激发了幼儿探索和认识大自然的兴趣，语言表达能力也有一定程度的提升。

3. 民间体育游戏有助于幼儿良好品格和人格的培养

民间体育游戏能促进幼儿人格的发展，培养人的健全品格。在游戏中幼儿可以对自己的生活环境有一个大体的认识，知道了自己是谁，生活是什么样的，培养了对自己的认同感。

4. 民间体育游戏有助于幼儿文化认同感的培养

民间体育游戏反映了当地人民对生活和社会的认识，承载着本民族的历史与文化，在游戏过程中，幼儿不但能了解生活，亲近生活，还能感受到当地的民俗氛围。

5. 民间体育游戏有助于改善亲子关系，增进亲子感情

对于大部分家长来说，民间体育游戏陪伴他们走过了自己的童年生活，因而对民间体育游戏充满亲切的回忆。特别是爷爷奶奶辈，他们不但热衷收集游戏，将所有知道的游戏带到幼儿园来，还乐于积极参与游戏，将爷孙情、父子情表现得淋漓尽致，游戏在促进和改善亲子关系，增进亲子感情的同时也让

家园关系更融洽。

（三）有效促进实验教师专业成长

通过课题实验，全体实验教师已成长为本园乃至县的骨干教师，实验教师所撰写的研究论文、教学案例共有20篇次在省、市、县级教学教研刊物上发表或获奖，其中有7篇论文和4个课例获得省级奖励。笔者撰写的论文《依托民间体育游戏丰富家园共育活动》在《广东教学》第2111期上发表。

四、催放百花，春色满园

"一花独放不是春，百花齐放春满园"。课题结题后，为进一步挖掘民间体育游戏这一瑰宝，进一步探索游戏在幼儿动作发展中的积极作用，我园与各乡镇幼儿园开展了结对交流活动，使得民间体育游戏在我县幼儿园活动中得到了普遍的重视和广泛开展，起到了很好的以点带面的辐射作用，深受幼儿园、家长及幼儿的好评，取得良好的社会反响。

民间体育游戏让幼教科研之花越开越盛！

幼儿园球类活动与民间体育游戏整合刍议

清远市阳山县碧桂园幼儿园　肖燕霞

著名教育家陶行知先生曾说过："生活教育是生活所原有，生活所自营，生活所必需的教育"。球，在生活中随处可见、随地可玩、随时可乐，球类活动是指由各类大球和小球组成的球形类运动项目的总称，是一种以多样性、分散性、开放性为特点的体育活动形式，它可以促进幼儿走、跑、跳、投等综合能力的同步发展。《3～6岁儿童学习与发展指南》提出要利用民间游戏帮助幼儿感知文化的多样性和差异性，民间体育游戏就是竞技民俗中最常见的、最普遍的、最有趣的娱乐活动，具有浓厚的趣味性、娱乐性、随机性、简便性和易学、易会的特点。在幼儿园活动中，我们尝试探索球类活动与民间体育游戏互相渗透、有效整合的新路子。发现整合不但能促进幼儿身体的健康成长、机能的增强，还能启迪幼儿的思维，培养幼儿的观察、记忆和想象能力，实现教师与幼儿、课程的共同成长。

一、球类活动与民间体育游戏有效整合的意义

1. 丰富幼儿园园本课程体系，彰显办园特色。我园是一间按高标准配置的新园，户外活动场地面积4 734平方米，配置了篮球场、足球场等一批大型的户外体能设施，适合开展体育活动。园内精力充沛、勇于创新的教师都是从县内的公办园调动过来的，多名教师曾有开展体育课题研究的经验，在此基础上，我园尝试将球类游戏活动融入民间体育游戏中，创新各种球类游戏活动的玩法，以求探索更多适合幼儿体能均衡发展的新路子，充实园本活动内容，丰富园本课程体系，彰显办园特色。

2. 充实创新锻炼形式，促进幼儿健康成长。儿童教育学家陈鹤琴先生提出

要把健康放在第一位，他认为"健全的身体是一个人做人、做事、做学问的基础。""强国必先强种，强种必先强身，要强身必要注意幼年的儿童。"身体健康是幼儿身心健全的基础，心理适应为幼儿身心健全的关键。这要求我们教师时刻做个有心人，树立正确的健康观念，根据幼儿的生长发展规律和体育活动规律，创设良好的环境，利用多种形式，积极带领幼儿开展各类体育文化活动，增强幼儿的体质，促进其身心全面健康地发展。球类活动与民间体育游戏有机地融合起来，在球类活动中渗透民间游戏，或在民间游戏活动中渗透球类活动，实现两项活动的优势互补，既充实了游戏的内容，完善了游戏的规则，丰富锻炼形式，又使球类活动与民间体育游戏在整合后发挥最大的教育价值。让幼儿在参与活动中对难以理解或枯燥的动作和身体素质联系成趣味横生的模仿动作或具体的游戏情节，让幼儿们在玩中学，玩中练，练中乐，能有效培养幼儿的反应能力，加强幼儿中枢神经系统的支配活动以及心脏、血液循环、呼吸系统的活动，并通过游戏发展幼儿思维的灵活性，培养合作精神和集体意识等良好品质，促使幼儿的体能与品德更均衡的发展。

二、球类活动与民间体育游戏有效整合的原则

1.趣味性及启智性原则。幼儿对自己感兴趣的游戏活动会更愿意玩耍，玩得也更开心，在游戏活动中教师要通过灵活多样的活动形式，引导幼儿自主学习、自主探索，满足幼儿发展的需要。

2.全面性及多样性原则。在游戏中教师要充分考虑幼儿的运动强度及运动量，如果运动强度不到位，那么必须酌情提高运动量，若时间紧张，则可以提高运动负荷。如果运动强度过大，那么必须酌情降低。此外球类活动多种多样，球的种类五花八门，比如：篮球和排球尽管体积差不了多少，然而重量却存在很大差别，因此两者的可操控性也要有所不同。

3.安全性及适用性原则。不同年龄对于活动器械、活动内容、活动形式的需求也是不同的，我们要根据幼儿年龄段选用适宜的球后融入民间游戏中。

三、球类活动与民间体育游戏有效整合的途径

1.合理搭配，巧改单一玩法，挖掘各自潜力。《老狼老狼几点钟》是大家耳熟能详的民间体育游戏，传统玩法：由教师扮演老狼，其他幼儿扮演小羊，小羊们跟在老狼的后面，边走边问："老狼老狼几点啦？"老狼边走边回

答"1点了""2点了",多次反复问答后,老狼会说:"天黑啦",小羊就要马上跑回指定的家。这样的玩法过于单一,有些幼儿玩了几次后兴趣就不那么浓了,于是在游戏中我又加入了篮球,衍生了不同的玩法,玩法一:幼儿一边拍球一边听老狼口令一边回答,当听到老狼说"天黑了",幼儿要马上紧紧抱着篮球站在原地不能动,这时老狼可以用手敲打幼儿抱在胸前的球,如球掉了就会被老狼吃掉;玩法二:通过口令改编创新游戏,幼儿一边拍球一边听老狼口令,如老狼最后的口令是"2点钟",抱着篮球的2只小羊就将球黏在一起,"3点钟",3只小羊就将球黏在一起,依次类推,没有找到伙伴的小羊就要接受惩罚。这个游戏在保留传统基本玩法与规则的基础上,对游戏背景、情节、规则与玩法等多方面进行了创新,很受幼儿们的欢迎。

2. 巧妙渗透,尝试多球渗透,展现整合优势。我们将游戏《丢手绢》进行了创新,玩法一:融入篮球,幼儿手拉手围成一个大圆圈,撒开手蹲下,将一个篮球放在大圈中间,一个幼儿一手持手绢一手抱篮球,沿顺时针或逆时针绕着小朋友走,圈上的幼儿一起拍手唱:"丢、丢、丢手绢",轻轻地放到小朋友的后面(拿手绢的幼儿将手绢悄悄地放到圈上某一个小朋友的身后),"大家不要告诉他,快点快点抓住他,快点快点抓住他,快点快点抓住他",若在唱的过程中幼儿自己发现了手绢,就要将拿起的手绢套在手上,并拿起篮球边拍球边快速追逐丢手绢的幼儿(丢手绢的幼儿被发现后也要边拍球边走),若追上就要请丢手绢幼儿表演节目,若追不上,两人交换位置,游戏重新开始;玩法二:融入羊角球,玩法同上,只是动作不同,幼儿要用双腿用力夹羊角球向前跃起;玩法三:融入足球,动作换成踢球,这种玩法较难,适合大班的幼儿玩。

3. 家园配合,实现资源共享,拓展整合途径。深入开展幼儿民间体育游戏,家长是关键,对于大部分家长来说,民间体育游戏陪伴他们走过了自己的童年生活,因而对民间体育游戏充满亲切的回忆。我们发放调查问卷、召开家长座谈会让家长们重温童年生活,回忆小时候都玩过哪些民间体育游戏,讨论的场面非常热烈,特别是爷爷奶奶辈,他们不但热衷收集游戏,还将所有熟知的游戏带到幼儿园来,大家一时都沉浸在幸福的美好回忆中,《丢手绢》《我们都是木头人》等一系列民间体育游戏,都展现在大家面前。据此我们开展亲子运动会,将民间体育游戏与球融合进行创新,所有的家长都乐于积极参与游戏,爷孙情、父子情表现得淋漓尽致,游戏在促进和改善亲子关系,增进亲子感情的同时也让家园关系更融洽。曾有家长说："以前只知道带孩子去买高档玩具，玩上几天就没兴趣了，怎么就没想起教孩子玩一玩咱们小时候的游戏呢，老师们很厉害呀，将我们玩的游戏加上一个小球又是另外一种玩法，我们和孩子都很开心。"家长们一致赞成让民间体育游戏与球走入幼儿生活，并表示一定全力支持与配合，保证给幼儿创造一定氛围和空间。

四、球类活动与民间体育游戏有效整合的教育价值

1. 有效激发兴趣，使球类活动与民间整合出来的新游戏活动被幼儿所喜爱，幼儿更喜欢玩游戏，喜欢参加体育锻炼。

2. 提高幼儿素质，通过球类活动与民间游戏有效整合的游戏，使孩子在玩中学会了躲闪、提高了灵敏性、平衡了协调能力并锻炼了肌肉，为幼儿运动能力的提高和身体的发展奠定了良好的基础。另外还发展了幼儿思维，培养了他们的观察能力、记忆能力、想象能力以及合作精神和集体意识等良好品质，有效促进了幼儿身体灵活协调能力的提高。

3. 完善园本课程，巩固我园的办园特色。将球类活动与民间体育游戏有机地渗透到幼儿园的教育活动之中，改变了目前粤北山区幼儿园开展体育游戏活动项目较单一，内容较枯燥，方法较陈旧的现状，使我园教育活动更加丰富、课程更具特色，更给幼儿增添了一份返璞归真的童趣与快乐。

2

第二篇

游戏集

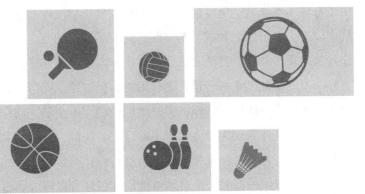

小班游戏集

3~4岁幼儿身心发展特点

　　3~4岁是漫长的儿童成长期的早期阶段。在生理方面，此年龄段的幼儿生长速度相比0~2岁幼儿在身高、体重的方面有所减缓，身高每年可增长8-10厘米。此年龄段的幼儿脑部结构已经基本成熟，表现为睡眠时间有所减少，脑的机能也已经发展起来。从心理发展方面看，此年龄段的幼儿开始由出生后单纯的生理需要为主，逐步发展为有了与他人交往和身体活动欲求，在一些场合下此年龄段的幼儿时常会产生与大人不合作的行为，比如用沉默、退缩或身体的抗拒来拒绝成人的要求，他们开始从被看护的对象逐步发展为具有一定独立活动欲望和要求的个体，他们对周围生活充满了好奇心和模仿欲。他们的注意力以无意注意为主，凡是生动、活泼的事物都容易引起他们的注意，但周围一旦出现什么新异刺激，就会马上发生注意对象的转移，他们的注意水平很低，一般只能维持3~5分钟，记忆也是以无意记忆和机械记忆为主。此年龄段的幼儿很喜欢想象，喜欢模仿熟悉事物的声音、动作、形象和活动。

　　由于活动范围的扩大、交往对象的增多，由于身体器官、系统尚未成熟，由于身体不够强健、免疫能力低，因此，此年龄段的幼儿各种传染性疾病的发病率较高。由于生活和成长的需要，此年龄段的幼儿走、跑、跳、爬等基本动作开始出现，并有所自然发展，身体动作发展得也非常快，动作发展非常迅速。3~4岁的幼儿已掌握行走、跑、闪避、扔、停、拐弯、减速等大动作，而且也已经掌握了一些精细动作，但是他们的动作不正确、动作技能不熟练、动作水平不高，具体表现为身体动作不够自然、协调、轻松和熟练。因此，家庭和幼儿的教养、教育者在重视各种疾病疫苗的预防接种，在加强幼儿饮食营养，在培养卫生习惯的同时，还必须对他们加强体育锻炼，通过游戏化的走、跑、跳、爬、钻、投掷、平衡等基本动作练习活动，来发展他们的动作，培养体育活动的兴趣，提高他们的活动的能力，促进他们的骨骼、肌肉、心肺等器官的生长与发育，进而达到增强幼儿体质的目的。

3～4岁幼儿体育活动锻炼目标

1. 能双脚自然地交替上台阶。

2. 能双脚轻松、交替地跳着走。

3. 能走跑交替100～200米。

4. 能步行800～1000米。

5. 能双脚并拢轻松、自然地向前、向上跳。

6. 能自然、协调地从25厘米的高度跳下而不摔倒。

7. 能单手用力将手中的物体投向3～5米的前方。

8. 能双手用力将球抛向身体的前方、上方和后方。

9. 能自然、协调、有节奏地手膝着地向前方、后方爬行。

10. 能协调地运用四肢快速、协调地从爬网的一侧爬越到另一侧。

11. 能协调、自如地在60厘米高的拱门下钻进钻出。

12. 能按信号的要求和大家在指定范围内四散地走和跑。

13. 能听从信号的指示和要求站在圆形的点位、早操队形点位上。

14. 能合着音乐的节奏（或儿歌的节拍）做多种动物模仿操。

15. 能平稳地走过宽25厘米、高20厘米的平衡板。

16. 能头顶一册书向前行走3米以上距离，能单脚站立3秒以上。

17. 能较自如地推、拉、搬运一定重量的物体或工具车。

18. 会拍、滚、抛接、传递皮球。

19. 能俯卧式支撑身体1～2分钟。

20. 愿意参加户外的各种大型器械锻炼，喜欢参加集体体育游戏活动。

附：小班游戏活动安排

民间游戏活动	融入球类
吹泡泡	篮球
摸白菜	羊角球
蚂蚁搬豆	报纸球
过小河	手球
运豆豆	羊角球
老鼠笼	篮球
手榴弹	手球
钻山洞	篮球
拍蝴蝶	报纸球
猫捉老鼠	篮球
丢手绢	篮球
小螃蟹过桥	报纸球
顶包	足球
小马过河	篮球
小猫捉鱼	报纸球
打标靶	手球
打弹珠	保龄球
赶小猪	曲棍球
大风吹	曲棍球
打怪兽	羊角球
老鼠偷蛋	足球
寻宝	篮球
炒蔬菜	羊角球
小麻雀和稻草人	篮球

吹泡泡（篮球）

设计意图

根据小班幼儿的年龄和特点，我设计本次活动《吹泡泡》，游戏的传统玩法是幼儿手拉手围成一个圆圈，边说儿歌边进行游戏。"泡泡飞高了"——幼儿立起脚尖模仿泡泡飞高；"泡泡变大了"——幼儿拉大圆圈模仿泡泡变大；"泡泡吹爆了"——幼儿击掌，一起说"叭"；"泡泡变小了"——幼儿往里走模仿泡泡变小。本游戏的创新点在于在传统玩法的基础上，教师加入滚球延伸了这个游戏，同时也是利用游戏达到幼儿学习滚球的目的，不再是枯燥的学习各种技能技巧。

活动目标

1. 帮助幼儿在游戏中尝试滚球、学会下蹲。
2. 提高幼儿与同伴团结合作、自我保护和保护他人的能力。
3. 让幼儿体验游戏的乐趣并喜欢集体游戏。

活动准备

1. 篮球人手1个、吹泡泡的玩具材料、音乐和录音机。
2. 幼儿有吹泡泡游戏经验。
3. 宽阔无障碍的场地。

活动重难点

学习滚球和下蹲。

活动过程

环节	活动内容与过程安排	时间	形式
准备部分	1. 教师带幼儿到户外玩吹泡泡的游戏。 2. 幼儿观察教师吹泡泡的情景，发现泡泡的各种变化。	3分钟	集体

环节	活动内容与过程安排	时间	形式
教学与练习部分	1. 回忆泡泡的样子，引发幼儿活动兴趣。 提问："泡泡是什么样子的？" "吹泡泡的时候，泡泡有什么变化？" "泡泡都去哪了？" 2. 教师边说边引导幼儿做动作。	3分钟	集体与个别相结合
教学与练习部分	1. 师幼一起进行游戏，边说儿歌边进行游戏。（游戏进行一到两次） 2. 出示球类，引导幼儿探索。 3. 教师重点讲解并示范滚球，告诉球不能滚太远，我们要慢慢地滚。 4. 幼儿进行集体练习滚球。 5. 教师巡回观察指导幼儿，给幼儿及时的鼓励。 6. 游戏活动——吹泡泡。（引导幼儿用滚球的方式进行吹泡泡游戏） 7. 读儿歌："吹泡泡，吹泡泡，吹出一个××泡"时，幼儿朝着一个方向滚球。根据儿歌内容做游戏。 "泡泡飞高了"——把球举高。 "泡泡变大"——滚球往外走模仿泡泡变大。 "泡泡吹爆了"——则抱球不动。 "泡泡变小了"——滚球往里走模仿泡泡变小。	7分钟	集体与分组相结合
结束部分	1. 教师小结并组织幼儿进行放松运动。 2. 幼儿变成一个"小泡泡"排队回家了。	2分钟	集体

游戏图解

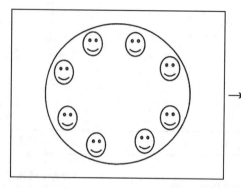 

图一：吹泡泡传统玩法

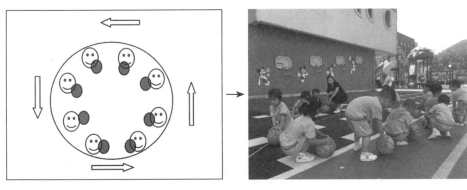

图二：吹泡泡创新玩法

篮球：　　　幼儿：☺　　　拿着球的幼儿：

摸白菜（羊角球）

设计意图

在一次户外活动中，我带幼儿玩了羊角球，发现幼儿对羊角球很感兴趣，但是只有个别幼儿能够掌握其中的技巧。根据幼儿的兴趣我设计了此次活动，加入了民间体育游戏《摸白菜》的创意，让幼儿在游戏中发展平衡能力，激发对球的兴趣。

《摸白菜》的传统玩法是幼儿跑到教师指定的位置去摸相应物体，摸完后迅速跑回。儿歌《摸一摸》：小朋友小朋友慢慢走，伸出手来揉一揉，摸摸这儿，摸摸那儿，摸一摸前面的××。

活动目标

1. 初次尝试玩羊角球，发展幼儿平衡能力。
2. 提高幼儿执行口令的迅速反应能力。
3. 培养幼儿喜欢玩球的情感。

活动准备

1. 羊角球4个、雪糕筒4个、音乐和录音机。

2.幼儿有摸白菜游戏经验。

活动重难点

初次尝试玩羊角球，发展幼儿平衡能力。

活动过程

环节	活动内容与过程安排	时间	形式
准备部分	教师和幼儿一起听音乐，做准备动作。 教师：今天天气真好，我们一起做运动吧！	3分钟	集体
教学与练习部分	1. 回忆摸白菜玩法，并进行一次游戏，从而引出新玩法。 2. 教师出示羊角球，念儿歌引入，激发孩子兴趣：羊角球，蹦蹦跳，蹦得远来，跳得高，快快蹦来快快跳。 3. 教师讲解羊角球的玩法：双手抓住两个羊角，两腿夹住球，轻轻地蹦跳。 4. 请幼儿分组试一试进行练习。幼儿边玩，教师边讲解注意事项，教幼儿骑球时把重心放在两腿上，防止摔倒。	4分钟	集体与分别相结合
	1. 游戏"摸白菜" 教师把幼儿分成四组，每组出一名幼儿参加比赛，骑在羊角球上跳，比一比哪一组快。（快速摸到老师雪糕筒并跑回来）	5分钟	集体与个别相结合
结束部分	2. 教师整理队形，简单小结，表扬遵守纪律和在游戏中表现得特别好或在某一方面有进步的幼儿。	2分钟	集体

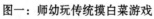

游 戏 图 解

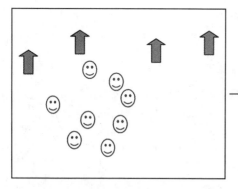

图一：师幼玩传统摸白菜游戏

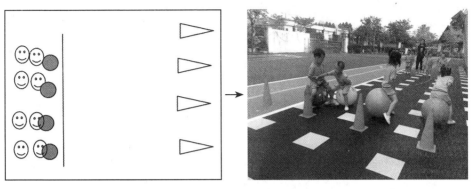

图二：摸白菜创新玩法

幼儿：   花草树木： ⬆   雪糕筒： ▷   羊角球： ●

骑着羊角球的幼儿： ◉

 蚂蚁搬豆（报纸球）

设计意图

　　传统的蚂蚁搬豆是幼儿在草地上爬行，把豆豆放到背上，幼儿从指定的地点出发把豆豆运到指定的地方。（儿歌：小蚂蚁，好朋友，大家一起运豆豆。过大桥，爬草地，勤劳努力不停息。）经过融入民间传统体育游戏，本游戏的创新点在于训练幼儿的平衡能力，同时把豆豆的功能也发挥出来，让报纸球变成豆豆，可以让幼儿初步体验投掷的感觉，喜欢并愿意投掷。

活动目标

1.能够掌握爬、平衡等基本运动技能。

2.初步尝试投掷，发展手臂大肌肉。

3.喜欢参加体育游戏，感受游戏活动的乐趣。

活动准备

1. 平衡木4条、爬行垫4个、篮筐两个、报纸球若干。

2. 音乐、录音机。

3. 场地布置。

活动重难点

能够掌握爬、平衡等基本运动技能。

活动过程

环节	活动内容与过程安排	时间	形式
准备部分	1. "蚂蚁宝宝"和"蚂蚁妈妈"一起到户外，随音乐做动作锻炼。 2. 导入语：蚂蚁宝宝们都饿了，我们一起找食物吧！	2分钟	集体
教学与练习部分	1. 师幼一起熟悉情景场地。 教师：这里好多豆豆，可是运豆豆我们要经过一座独木桥，我们要怎么过独木桥呢？ 2. 邀请幼儿示范并集体练习走独木桥。 教师：注意过独木桥时不要掉下去咯，桥下面有凶猛的鳄鱼。	3分钟	集体与个别相结合
	1. 引导幼儿把豆豆放背上或夹住进行运输。 教师：刚刚小蚂蚁都能够走过独木桥了，现在我们要把豆豆放在哪里才可以运回家里呢？ 教师：运回的豆豆我们放在哪里？（引导幼儿说出放在篮筐里） 2. 幼儿进行游戏。教师巡回指导。	7分钟	集体与分组相结合
结束部分	1. 鼓励、表扬宝宝们今天的成果，体验成就感。 2. 和妈妈一起听音乐回家，将食物运回家。	2分钟	集体

游戏图解

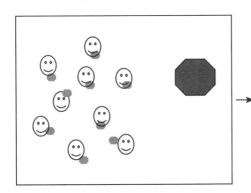

图一：蚂蚁搬豆传统玩法

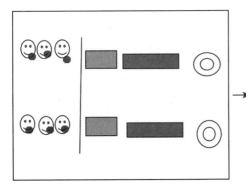

图二：蚂蚁搬豆创新玩法

幼儿：☺　　　　沙包：■　　　　家：⬣　　　　篮子：◎

爬行垫：▬　　　　平衡木：▬▬　　　　报纸球：●

拿着沙包的幼儿：☺　　　　拿着报纸球的幼儿：☺

过小河 (手球)

设计意图

传统的过小河，垫子为"石头"，摆在"小河"里。把"石头"间隔排列成一排，可以是直线也可以是不规则线路，幼儿从起点出发，跳到"石头"上，直到跳过所有"石头"，如果未跳到"石头"上，就为掉到河里，则暂时停止游戏一次。本游戏的创新点在于在跳跃之后，增加了手球，以至于幼儿不会在返回时只是奔跑，还能让幼儿掌握手球的各种技能技巧，而且能够在一定程度减少了等待的时间。

活动目标

1. 培养幼儿有序等候的规则意识，体验与同伴游戏的乐趣。
2. 通过游戏提高幼儿双脚跳跃能力，发展腿部大肌肉。
3. 巩固幼儿投掷的能力。

活动准备

垫子10张、手球人手1个、音乐和录音机。

活动重难点

巩固幼儿投掷的能力。

活动过程

环节	活动内容与过程安排	时间	形式
准备部分	热身运动。 教师带幼儿随音乐做动作：弯弯腰、踢踢腿、伸伸臂、走一走、转一转等。（反复多遍）	3分钟	集体
教学与练习部分	1. 教师：今天天气真好，我们去玩吧！哎呀，前面有条小河，怎么办呀，我们要怎么过去呢？（踩石头过去，垫子提前铺好在小河里，请一位幼儿示范。） 2. 教师讲解：我们要双脚并拢地跳到石头上，一个一个地跳过去就可以穿过小河。	3分钟	集体

续 表

环节	活动内容与过程安排	时间	形式
教学与练习部分	3.幼儿集体练习两到三次	3分钟	集体
	引导幼儿投掷练习。 教师：小朋友都会跳到石头上过小河了，可是过了小河，球宝宝喜欢小朋友和它玩，你们会怎么和球宝宝玩？（引导幼儿学习投掷）	5分钟	集体与个别相结合
	游戏过小河 教师：鼓励幼儿跳过"石头"，大胆地投球返回。 （根据人数分两到四组）	5分钟	集体与分组相结合
结束部分	1.放松活动。 2.集体玩游戏"送球宝宝回家咯。"	2分钟	集体

游戏图解

图一：过小河传统玩法

图二：过小河创新玩法

幼儿： ☺ 　　垫子： ■ 　　手球： ○ 　　拿着手球的幼儿： ☺

运豆豆（羊角球）

设计意图

《运豆豆》的传统玩法是幼儿站在起点上拿着沙包走过独木桥，把沙包放在指定的篮子里，然后快速返回。根据幼儿的年龄和特点本游戏把独木桥换成了羊角球，让幼儿更灵活地使用材料，同时能在返回时锻炼幼儿的平衡和跳跃能力。

活动目标

1. 发展幼儿平衡能力，能够比较灵活地运用游戏材料开展游戏。
2. 锻炼幼儿跑的基本动作，发展大肌肉运动。
3. 喜欢参加民间体育游戏活动，感受游戏活动的愉快。

活动准备

1. 报纸球人手1个、羊角球4个、篮子4个、音乐和录音机。
2. 已有跳羊角球经验和滚羊角球经验。

活动重难点

发展幼儿平衡能力，能够比较灵活的运用游戏材料开展游戏。

活动过程

环节	活动内容与过程安排	时间	形式
准备部分	1. 教师和幼儿一起听音乐做游戏。 2. 教师导入语：今天妈妈要去运豆豆，豆豆太多了，宝宝愿意帮助妈妈一起运吗？	3分钟	集体
教学与练习部分	引导幼儿回忆滚羊角球。 教师：运豆豆要经过一条不好走的路，我们要用羊角球滚平才能过去，宝宝你们还记得怎么滚羊角球吗？（教师讲解示范动作要领，帮助幼儿回忆）	3分钟	集体与个别相结合
	1. 幼儿练习跳羊角球。（教师指导，并纠正幼儿的动作。） 2. 幼儿进行游戏"运豆豆"。	6分钟	集体

环节	活动内容与过程安排	时间	形式
教学与练习部分	教师要求幼儿骑着羊角球把"豆豆"放到篮子里，然后返回。（幼儿根据人数分成两到四组）游戏进行两次左右。	6分钟	集体
结束部分	1. 教师：宝宝们真棒！帮助妈妈运了这么多豆豆，谢谢你们！ 2. 听音乐，"宝宝"跟"妈妈"回家。 3. 师幼共同收拾器械。	2分钟	集体

游 戏 图 解

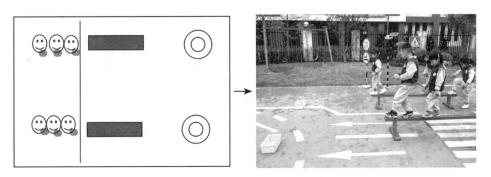

图图一：运豆豆传统玩法

图二：运豆豆创新玩法

幼儿：☺　　　平衡木：▬　　　篮子：◎　　　沙包：⬣

羊角球：●　　　报纸球：⬣　　　拿着沙包的幼儿：☺

拿着报纸球的幼儿：☺　　　拿着报纸球，骑着羊角球的幼儿：☺●

老鼠笼（篮球）

设计意图

《老鼠笼》的传统玩法是扮老鼠笼的小朋友手拉手高高举起，边唱儿歌边走成一个圆圈做一个大大的老鼠笼，老鼠不停地从"笼子"里钻进钻出，当儿歌念到"咔嚓"时，小老鼠要赶紧钻出"笼子"，扮演"老鼠笼"的小朋友要赶紧蹲下。没有钻出去的"小老鼠"就被捉到了。被捉到的幼儿，就去做老鼠笼，没有捉到的"小老鼠"继续游戏。（儿歌：老鼠老鼠坏东西，偷吃粮食偷吃米，我们搭个老鼠笼，咔嚓一把抓住他。）本活动的创新点在于幼儿读儿歌时未手拉手，这样方便幼儿拍球进出，读完儿歌则快速拉手"关门"抓"老鼠"，同时在这个游戏中增加篮球，能够很好地锻炼幼儿拍球的技能技巧。

活动目标

1.发展幼儿敏捷、机智的躲闪练习。

2.巩固幼儿拍球的技能技巧。

3.让幼儿体验集体游戏的乐趣。

活动准备

1. 篮球人手1个，音乐和录音机。

2. 幼儿已有老鼠笼的游戏经验。

3. 场地有画好的圆圈。

活动重难点

发展幼儿敏捷、机智的躲闪练习。

活 动 过 程

环节	活动内容与过程安排	时间	形式
准备部分	幼儿跟随教师听音乐做热身运动，模仿小老鼠。 教师：小朋友我们一起到外面做运动吧。	4分钟	集体
教学与练习部分	1. 情景导入。 教师：昨天呀，农民伯伯告诉我，老鼠是个坏东西，昨天有老鼠去他家偷吃他的粮食。老师今天带来一个用老鼠笼捉老鼠的游戏，大家跟老师一起去帮农民伯伯捉老鼠吧。 2. 和幼儿读儿歌，回忆游戏玩法。	3分钟	集体与个别相结合
	1. 出示篮球，作为"豆豆"。 教师：这些大豆豆是农民伯伯辛辛苦苦种的，老鼠要运走它。（引导幼儿拍球练习） 2. 幼儿进行游戏。（一部分幼儿站在圆圈的边边上，一边拍手一边说儿歌，老鼠则拍球进进出出，当说到咔嚓一声则快速蹲下并手拉手。老鼠抓完则交换角色继续游戏。）	8分钟	集体
结束部分	1. 放松活动。 2. 共同收拾器械。	2分钟	集体

游 戏 图 解

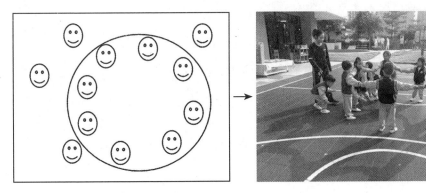

图一：老鼠笼传统玩法

图二：老鼠笼创新玩法

幼儿：☺　　　篮球：●　　　拿篮球的幼儿：

手榴弹（手球）

设计意图

手榴弹最初是幼儿拿沙包，站在指定的线内扔到标靶上，看看谁扔得远。在游戏的基础上教师把沙包变成了手球，利用"大灰狼来了"的故事，使得游戏更具有情景化，标靶加上大灰狼也能更好地激起幼儿的积极性。

活动目标

1.进一步学习侧身投球的动作。
2.培养幼儿排队的意识，学会遵守基本规则。
3.愿意跟随教师参加集体活动，体验游戏的乐趣。

活动准备

1.手球人手1个、标靶若干（大灰狼头饰挂在标靶上）。
2.音乐和录音机。

活动重难点

进一步学习侧身投球的动作。

活动过程

环节	活动内容与过程安排	时间	形式
准备部分	热身运动。 教师：宝宝们做兔宝宝，老师做兔妈妈，兔宝宝和妈妈一起到草地上玩。	3分钟	集体
教学与练习部分	1. 游戏"看谁投得远"。 教师：刚才妈妈听到了坏消息，山上来了一只凶猛大灰狼，现在请兔宝宝们跟着妈妈一起学习本领，把我们手上的手球变成手榴弹来保护我们的家。妈妈数1、2、3，我们一起把手榴弹扔出去，看谁扔得远。 2. 教师示范侧身投球的动作，然后带领幼儿游戏。	3分钟	集体与个别相结合
	1. 游戏"打大灰狼"。 教师：大灰狼来了，我们快点用刚刚学到的本领把大灰狼赶跑，保护我们的家。 2. 教师出示大灰狼标靶，让"兔宝宝"们自由组合，相隔一定的距离，一起投"手榴弹"打大灰狼。 3. 游戏反复进行，教师巡回指导。	6分钟	集体
结束部分	1. 幼儿跟随教师进行放松运动。 2. 教师小结，幼儿分享交流自己是如何打倒大灰狼的。	2分钟	集体

游戏图解

图一：手榴弹传统玩法

图二：手榴弹创新玩法

幼儿：😊　　　标靶：✸　　　沙包：⬢　　　手球：⬭

拿沙包的幼儿：😊　　　　　　拿着手球的幼儿：😊

🐒 钻山洞（篮球）

设计意图

本游戏的传统玩法是：幼儿在椅子或桌子底下进行钻爬，也可以利用梯子、绳子等进行钻爬游戏，钻过去之后返回，反复游戏。根据本班幼儿的活动情况，教师在幼儿钻过"山洞"之后，让幼儿得到球宝宝，并把球宝宝拍着回家，在锻炼钻爬的同时，巩固幼儿拍球的技能。

活动目标

1. 发展幼儿钻爬等基本动作。
2. 巩固幼儿拍球的技能技巧。
3. 让幼儿体验集体游戏的乐趣。

活动准备

篮球人手1个、彩虹隧道两个、爬行垫4个。

活动重难点

发展幼儿钻爬等基本动作。

活动过程

环节	活动内容与过程安排	时间	形式
准备部分	让幼儿跟着教师听音乐一起做运动。 教师：宝宝们，今天我们去森林里探险吧！	3分钟	集体
教学与练习部分	1. 引导幼儿钻爬练习 教师：我们去森林要经过草地，还要钻过山洞，我们要怎么过去呢？ 2. 教师讲解动作要领，并邀请幼儿示范。（幼儿示范重复讲述动作要领，并指出幼儿错误的动作。）	3分钟	集体与个别相结合
	引导幼儿反复练习，教师巡回指导 教师：看看宝宝们有没有学会本领，学会了我们就到森林里探险吧！	4分钟	集体
	引导幼儿把球宝宝运回家 教师：宝宝们都学会了钻和爬，现在我们一起去森林里吧！ 教师：原来森林里这么多球宝宝，我们把球宝宝带回家吧！（引导幼儿拍球回来）	5分钟	集体与分组相结合
结束部分	1. 教师组织幼儿进行放松运动。 2. 师幼共同收拾器械。	2分钟	集体

游戏图解

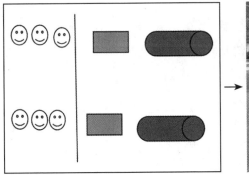 

图一：钻山洞传统玩法

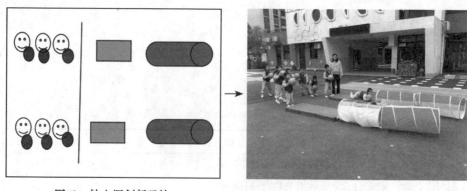

图二：钻山洞创新玩法

拍蝴蝶（报纸球）

设计意图

拍蝴蝶是移动挂着的纸蝴蝶的竹竿让"蝴蝶"飞起来，幼儿拍打和追逐"蝴蝶"。本次游戏的创新点在于，幼儿不是用手去拍蝴蝶，而是用报纸球去掷打蝴蝶，能够很好地锻炼幼儿的投掷能力。

活动目标

1. 加强巩固幼儿肩上投掷动作的技能。
2. 锻炼幼儿手部肌肉力量，促进幼儿大肌肉的发展。
3. 体验游戏的乐趣。

活动准备

1. 报纸球人手1个、纸蝴蝶若干个、音乐和录音机。
2. 幼儿已有拍蝴蝶经验。
3. 宽阔的场地，周围有树木等。

活动重难点

加强巩固幼儿肩上投掷动作的技能。

活动过程

环节	活动内容与过程安排	时间	形式
准备部分	热身活动。 教师：今天天气真好，我们去外面活动身体吧！ 跟着音乐集体做热身运动：上肢、体转、体侧、抬腿、腹背、跳跃。	3分钟	集体
教学与练习部分	1. 出示"蝴蝶"，让幼儿回忆玩法。 教师：这是什么呀？还记得怎么玩吗？ 2. 出示报纸球，探索新玩法。 教师：老师发现公园里有很多蝴蝶，今天我们玩不一样的拍蝴蝶，但我们用报纸球怎么玩呢？ 3. 幼儿练习投掷。（教师随便指定一个地方，让幼儿进行练习，可进行多次、反复练习。）	5分钟	集体与个别相结合
	1. 游戏——拍蝴蝶。 教师：很多小朋友都能投中老师说的东西，现在我们一起去公园拍蝴蝶吧！ 2. 游戏反复进行。（在各个地方放上蝴蝶）	6分钟	集体
结束部分	1. 教师进行小结，及时表扬认真积极的幼儿。 2. 组织幼儿进行放松运动。	2分钟	集体

游戏图解

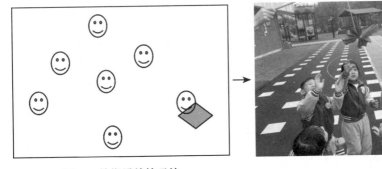

图一：拍蝴蝶传统玩法

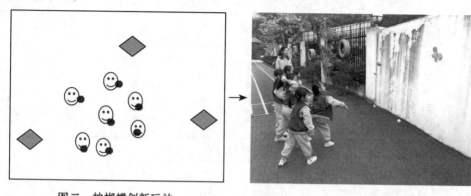

图二：拍蝴蝶创新玩法

幼儿：😊　　蝴蝶：◆　　报纸球：⬣　　拿蝴蝶者：

拿着报纸球的幼儿：😊

猫捉老鼠（篮球）

设计意图

猫捉老鼠是幼儿拉圈站好，一名幼儿扮老鼠，一名幼儿扮猫。"老鼠"在圈里圈外穿插活动，"猫"在圈外跟踪"老鼠"，一旦"老鼠"出到圈外面，"猫"就捉"老鼠"，被捉到的"老鼠"表演节目。幼儿对换角色继续游戏。教师在游戏基础上增加了情景偷"豆豆"，同时利用情景让幼儿巩固了拍球的技能技巧，大猫的睡着和醒来也为游戏增加刺激性。

活动目标

1.遵守猫捉老鼠游戏的基本规则。

2.发展幼儿拍球的能力。

3.体验和同伴一起游戏的乐趣。

活动准备

1. 篮球人手1个、猫头饰1个、篮子3个、音乐和录音机。

2. 已有猫捉老鼠的游戏经验。

3. 宽阔无障碍的场地。

活动重难点

发展幼儿拍球的能力。

活动过程

环节	活动内容与过程安排	时间	形式
准备部分	热身活动。教师带领幼儿跟随音乐进行热身运动。	3分钟	集体
教学与练习部分	出示猫咪头饰，引导幼儿回忆游戏玩法。 教师：小朋友，你们看这是什么？（引导幼儿回答，说出游戏规则。）	3分钟	集体与个别相结合
	1.出示篮球，引导幼儿拍球 教师：这里很多"大豆豆"，小老鼠要怎么带回去呢？（引出拍球） 2.幼儿拍球练习。（教师巡回指导）	5分钟	集体
	3. 游戏——猫捉老鼠。 教师：一些小朋友来保护"豆豆"，一些小朋友做老鼠来偷"豆豆"，"小老鼠"要把"豆豆"快点送回你们家哦，要不大猫醒了就要把你们抓走了。（运完"豆豆"幼儿交换角色继续游戏）	6分钟	集体与分组相结合
结束部分	1. 放松活动。 2. 教师小结，师幼共同收拾器械。	2分钟	集体

游戏图解

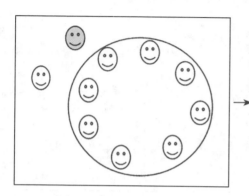

图一：猫捉老鼠传统玩法

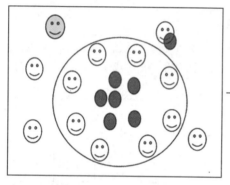

图二：猫捉老鼠创新玩法

幼儿： 　　篮球： ●　　猫的扮演者： ☺　　拿着篮球的幼儿：

丢手绢（篮球）

设计意图

传统玩法是大家念儿歌，一个幼儿拿手绢，放在其他人背后，被放手绢的幼儿发现手绢并拿起进行追逐，放手绢的幼儿则顺时针方向跑回被放手绢幼儿的位置，被抓住后需表演节目并接着放手绢。创新之处在于由原来的小朋友拿到手绢跑着去追丢手绢的小朋友，变成了小朋友滚着球去追另外一个滚着球的小朋友，增加了游戏的多种玩法和趣味性。

活动目标

1. 体验相互追逐的乐趣。
2. 通过游戏培养幼儿滚球的耐力和手眼协调的能力。
3. 发展幼儿跑的能力。

活动准备

1. 篮球人手1个、手绢1个。
2. 对丢手绢游戏规则有基本了解。
3. 音乐《丢手绢》。

活动重难点

通过游戏培养幼儿滚球的耐力和手眼协调的能力。

活动过程

环节	活动内容与过程安排	时间	形式
准备部分	教师和幼儿一起听音乐，做准备动作。	3分钟	集体
教学与练习部分	1. 引导幼儿回忆并说出游戏规则。 教师：小朋友听听这首歌，你能猜到我们今天玩什么游戏吗？（引导幼儿说出游戏规则） 2. 请幼儿示范加深印象。 教师：现在请几个小朋友来试试，看看会不会玩丢手绢的游戏。（邀请幼儿进行示范）	5分钟	集体与个别相结合
	1. 出示篮球，请幼儿进行游戏，熟悉并掌握游戏的玩法（幼儿抱球追逐）。 2. 引导幼儿想出新玩法。（滚球追逐） 3. 引导幼儿进行滚球练习。	3分钟	集体与分组相结合
	要求幼儿采用滚球的方式进行追逐。	5分钟	集体
结束部分	1. 教师进行小结分享，引导幼儿共同收拾器械。 2. 跟着音乐进行放松运动。	2分钟	集体

游戏图解

图一：丢手绢传统玩法

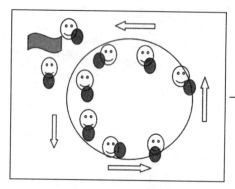

图二：丢手绢创新玩法

手绢： 　　　篮球： ●　　　幼儿： ☺

拿着手绢的幼儿： 　　　拿着篮球拿着手绢的幼儿：

小螃蟹过桥（报纸球）

设计意图

传统的小螃蟹过桥是幼儿用两只手夹着沙包经过独木桥，沙包普遍比较重而且不好夹，限制了游戏的发展。根据我班幼儿的动作技能发展水平以及年龄特点，我设计了《小螃蟹过桥》，来发展幼儿的平衡能力。在活动当中主要通过游戏的方式让幼儿进行练习走平衡木，并让幼儿在学习的过程中感受游戏活动的乐趣。

活动目标

1. 练习平衡能力，能够灵活地运用报纸球开展游戏。
2. 喜欢参加民间体育游戏活动，感受游戏活动的乐趣。
3. 初步知道小螃蟹的走路方式。

活动准备

1. 报纸球人手1个、豆豆若干、平衡木2条、螃蟹头饰若干、筐1个。
2. 欢快的音乐。
3. 学习儿歌《小螃蟹》。

活动重难点

练习平衡能力，能够灵活地运用报纸球开展游戏。

活动过程

环节	活动内容与过程安排	时间	形式
准备部分	1. 教师和幼儿一起听音乐做游戏。 2. 大家一起说儿歌："小螃蟹爱劳动，大家一起运豆豆，过小桥要小心，回到家里吃豆豆。"	3分钟	集体
教学与练习部分	1. 模仿小螃蟹走路，激发幼儿兴趣。 2. 引导幼儿练习走平衡木。 教师：小螃蟹要运豆豆到家里，但是要经过一条又高又窄的小桥，我们要怎么过小桥呢？ 3. 引导幼儿进行分组练习。教师巡回指导。	5分钟	集体与个别相结合
	1. 提问："小螃蟹有两个什么？" "钳子用来做什么？" "我们怎么用钳子运豆豆" 2. 路上尽量保持平衡，不让"豆豆"掉下来！	3分钟	集体与分组相结合

续表

环节	活动内容与过程安排	时间	形式
教学与练习部分	1.出示报纸球，引导幼儿运回家。 教师：刚刚妈妈发现那边有很多的大豆豆（报纸球），我们一起运吧。 2.幼儿分组进行游戏，并在指导的范围内把豆豆扔到框里。	5分钟	集体
结束部分	1.教师：小螃蟹们真能干！运了这么多豆豆，这下我们有好吃的啦！ 2.听音乐，排"火车"回家。	2分钟	集体

游戏图解

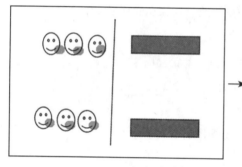

图一：小螃蟹过桥传统玩法

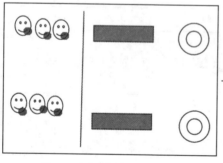

图二：小螃蟹过桥创新玩法

幼儿：　　平衡木：　　沙包：　　报纸球：

篮子：　　拿着沙包的幼儿：　　拿着报纸球的幼儿：

顶包（足球）

设计意图

传统的顶包是幼儿拿着沙包或石头，用头顶到指定的位置，速度快的胜。本班幼儿对足球是喜爱的，但对足球的掌握是有待加强的。为此我设计了《顶包》游戏，把足球作为"包"来进行活动，更能调动幼儿的积极性，让幼儿进一步熟悉足球的同时又能发展身体的平衡性、协调性。

活动目标

1. 学习边爬行边顶球的动作，发展身体的平衡性、协调性。
2. 发展运动想象力，体验用头顶球活动的乐趣。
3. 发展幼儿手眼协调的能力。

活动准备

1. 足球若干、爬行垫若干、拱门2个。
2. 音乐、录音机。
3. 课前让幼儿了解海狮生活的简单知识，并有游戏经验。
4. 已有顶包传统游戏经验。

活动重难点

学习边爬行边顶球的动作，发展身体的平衡性、协调性。

活动过程

环节	活动内容与过程安排	时间	形式
准备部分	1. 幼儿做小海狮，教师做海狮妈妈，做海狮模仿操。 2. 教师：小海狮们，跟着妈妈一起到大海里玩一玩吧。	2分钟	集体
教学与练习部分	1. 教师：我们上次玩了小海狮的游戏，你们还记得吗？（引导幼儿回忆游戏顶包） 2. 请幼儿进行游戏，加深对游戏的印象。	3分钟	集体与个别相结合

环节	活动内容与过程安排	时间	形式
教学与练习部分	1. 今天海狮妈妈带领小海狮学习新本领。 （1）幼儿人手一个足球，自由玩球。 教师：小海狮们，这里有好多足球，我们一起和足球玩一玩。 （2）鼓励幼儿想出各种不同的玩法，激发幼儿玩球的兴趣。 2. 教师带幼儿来到各种垫子前面，请幼儿在垫子上玩球。 教师：小海狮们，这里很多垫子，你们会在垫子上和足球玩吗？ 3. 幼儿在垫子上玩球，引导他们把球用头顶过去，并顶到球门里。 4. 幼儿进行"小海狮顶球"，分组在垫上练习爬行顶球。	6分钟	集体与分组相结合
	1. 游戏"小海狮顶球进门"。 2. 教师加强个别指导，提醒幼儿看清方向，头顶球，手膝连续向前移，踢球返回。	5分钟	集体
结束部分	1. 表扬认真练习爬行顶球的小海狮。 2. 听音乐，海狮妈妈带领小海狮一起进行放松运动，在音乐声中抱球退场。	2分钟	集体

游戏图解

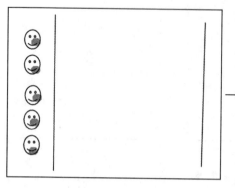 

图一：顶包传统玩法

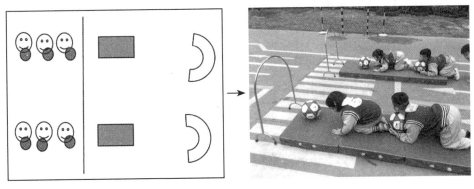

图二：顶包创新玩法

幼儿：☺　　　爬行垫：▬　　　拱门：ﾉ　　　足球：●

沙包：⬢　　　顶着沙包的幼儿：☻　　　顶着足球的幼儿：☻

小马过河（篮球）

设计意图

　　传统的小马过河是幼儿穿过小河，越过障碍物，最后把粮食（沙包或石头）运到指定地方后返回。我班幼儿的跳跃能力发展一般，为了更进一步地发展幼儿的跳跃能力，我特意设计了这次的活动，在活动中加入"小马过河"的游戏，幼儿对此游戏较熟悉同时也较感兴趣，不仅能让幼儿在游戏中发展跳跃的能力，同时还能巩固幼儿拍球的能力。

活动目标

　　1. 练习双脚跳跃高约20厘米的障碍物，发展跳的能力。

　　2. 发展幼儿拍球的能力。

　　3. 体会帮助别人的快乐。

活动准备

1.场地布置：万能工匠障碍物若干、篮球人手1个。

2.《小马过河》的故事。

活动重难点

刚练习双脚跳跃高约20厘米的障碍物，发展跳的能力。

活动过程

环节	活动内容与过程安排	时间	形式
准备部分	师幼共同游戏，引出活动。 （1）学习小马动作入场，做简单热身运动。 （2）跳的游戏：单脚跳、双脚跳、数数跳。	3分钟	集体
教学与练习部分	1.请幼儿自选区域游戏，相互模仿跨越不同障碍的动作。 教师：你最喜欢玩哪一个游戏？我们跟你学一学，一起玩玩！ 2.教师示范跳跃动作，幼儿尝试双脚跳的动作。 教师：小马宝宝，你们看，草地前面有什么？（花丛和小河）我们一起去和它们做游戏吧！小马是怎样过花丛的？	5分钟	自由与小组相结合
	幼儿再次练习，教师指导。 教师：花丛很高，我们要跳高点才不会被花丛绊倒哦。	3分组	集体
	游戏"小马过河"。 介绍规则： 教师：小马看小动物需要的粮食，我们需要完成任务才可获得粮食送给小动物。（加入篮球，引导幼儿拍球）	4分钟	集体与分组相结合
结束部分	放松活动。 教师：小马宝宝们今天真的很努力，动脑筋给小动物送去了粮食。 小动物们心里好开心呀，你们开心吗？我们一起放松一下吧。	2分钟	集体

游戏图解

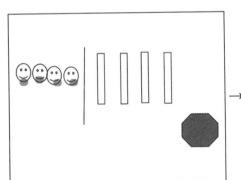

图一：小马过河传统玩法

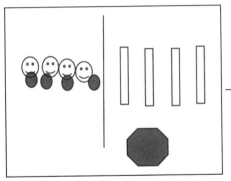

图二：小马过河创新玩法

幼儿：☺　　　跨栏：｜　　　家：⬣

拿着沙包的幼儿：　　　拿着篮球的幼儿：

小猫捉鱼（报纸球）

设计意图

小班幼儿喜欢玩情景游戏，小猫捉鱼是幼儿说儿歌后做游戏，"小猫"拿沙包走到规则线前，瞄准后投向"小鱼"将投中的"小鱼"放到小框里。（儿歌：小猫小猫做游戏，突然发现有小鱼，小猫见了真高兴，大家一起捉小鱼。）因此我用小猫捉鱼的游戏加入情景，就很好地激发了幼儿的积极性，让幼儿主动学习投掷等技能技巧。

活动目标

1. 发展幼儿的平衡能力。
2. 发展幼儿投掷的能力，学习对准目标进行投掷。
3. 体验共同游戏的乐趣。

活动准备

1. 平衡木两条、万能工匠、小鱼若干、报纸球若干。
2. 录音机、音乐、鱼桶3个。
3. 宽阔无障碍的场地。

活动重难点

发展幼儿投掷的能力，学习对准目标进行投掷。

活动过程

环节	活动内容与过程安排	时间	形式
准备部分	小猫和猫妈妈听着音乐到草地上去玩，做"小动物模仿操"。 教师：今天天气真好，小猫和猫妈妈一起来做早操吧。	3分钟	集体

环节	活动内容与过程安排	时间	形式
教学与练习部分	猫妈妈：小猫们做的操可真好，今天妈妈要带你们去抓鱼，想不想去呀？（想）那些小鱼很聪明，我们要怎么抓呢？ （1）请小猫自己尝试各种方法，并请他们说说怎样才能抓到小鱼，找出最佳方法。 （2）请个别小猫示范，引导其他小猫观察。（猫妈妈讲解动作要领：抓紧报纸球瞄准并向小鱼扔去。）	5分钟	集体与自由相结合
	1. 请小猫按最佳的方法练习"打鱼"。 2. 猫妈妈：刚才小猫们动脑筋想出了抓鱼的好方法，现在妈妈带你们到更大的鱼塘里去抓鱼，好不好？（好）	3分钟	集体与个别相结合
	1. 用报纸球"打鱼"。 猫妈妈：小猫们抓了很多鱼，你打中鱼就可以把小鱼放到鱼桶里哦。 2. 增加难度，加入平衡木，把报纸球投到篮筐方可得到小鱼。	5分钟	集体
结束部分	猫妈妈和小猫们一起听音乐做"小鱼游"的游戏，做身体各部位的肢体放松活动后，师生离开场地。	2分钟	集体

游 戏 图 解

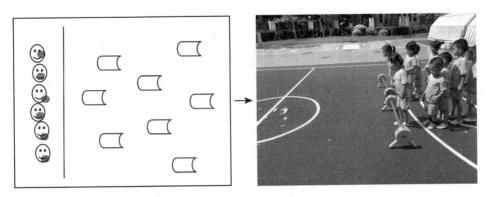

图一：小猫捉鱼传统玩法

图二：小猫捉鱼创新玩法

打标靶（手球）

设计意图

本班幼儿的投掷能力得到了一定的发展，为了更好地巩固幼儿的投掷能力，我设计了本次活动《打标靶》，而传统的打标靶游戏是幼儿用石头或弹弓、箭、沙包之类的打中标靶，但是因为幼儿年龄较小，心智不成熟，存在较大的安全隐患，因此教师换成手球进行投掷活动，为的是让幼儿在游戏中发展投掷能力和手眼协调的能力。

活动目标

1. 练习对固定和移动标靶投球。
2. 发展投掷能力和手眼协调的能力。
3. 激发幼儿对手球的兴趣。

活动准备

1. 手球人手1个。

2.标靶若干，分散放在场地的四边外围（标靶前可设置距离由近到远的点）。

活动重难点

发展投掷能力和手眼协调的能力。

活动过程

环节	活动内容与过程安排	时间	形式
准备部分	1.教师和幼儿一起听音乐做游戏。 2.教师：小朋友，今天天气真好，我们一起做运动吧。	3分钟	集体
教学与练习部分	1.幼儿自由寻找标靶，站在投掷线上，听口令向标靶投球，比谁投中的次数多。 教师：我们去找找哪里有标靶，看看谁能投中它。 2.教师讲解规则并示范玩法。	4分钟	集体与个别相结合
	1.幼儿站在线上投掷练习。 2.教师观察幼儿并纠正幼儿存在的问题。	3分钟	集体
	游戏"打标靶"，比比谁投中的标靶次数多。 教师：那里有个妖怪标靶，看看哪个小眼睛能够瞄准并且打中它。	5分钟	集体与分组相结合
结束部分	1.教师小结及讲评。 2.师幼共同收拾、整理场地和器材。	2分钟	集体

游戏图解

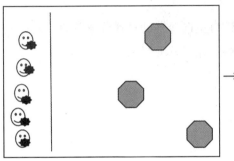

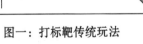

图一：打标靶传统玩法

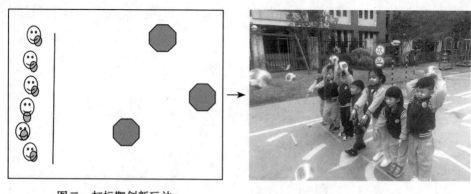

图二：打标靶创新玩法

幼儿：☺　　　石头：✴　　　手球：◯　　　标靶：⬡

拿着石头的幼儿：☺✴　　　拿着手球的幼儿：☺◯

打弹珠（保龄球）

设计意图

传统的打弹珠游戏是幼儿用弹珠去打其他弹珠，由于弹珠比较小，幼儿心智发育不成熟，容易误食弹珠，因此我把弹珠换成了保龄球。我设计本次活动让幼儿初步尝试自主选择辅助材料进行玩球游戏，在本次活动中我给幼儿提供保龄球，引导幼儿自主选择进行游戏，让幼儿通过游戏发展手臂大肌肉。

活动目标

1. 练习滚球，追球的动作，初步尝试自主选择轴助材料玩球游戏。
2. 通过游戏提高手眼协调能力，发展幼儿手臂大肌肉。
3. 让幼儿体验集体游戏的乐趣。

活动准备

1. 保龄球人手1个、保龄球瓶子若干。
2. 音乐和录音机。

活动重难点

练习滚球，追球的动作，初步尝试自主选择轴助材料玩球游戏

活动过程

环节	活动内容与过程安排	时间	形式
准备部分	热身活动。教师扮熊猫妈妈，幼儿扮小熊猫，四散站在教师周围。教师带幼儿随音乐做模仿熊猫动作：弯弯腰、踢踢腿、伸伸臂、走一走、转一转等。（反复多遍）	3分钟	集体
教学与练习部分	1. 出示球，引导幼儿回忆球的玩法。 2. 教师：宝宝们手上有个球，还记得球怎么玩吗？（用滚球的方式撞到障碍物） 3. 教师带领幼儿游戏——滚球。	5分钟	集体与个别相结合
	教师：刚才很多宝宝都把球滚得很远。这次我带宝宝们玩一个很好玩的游戏，这里有很多保龄球，我们站在起点线上，双手拿球对准保龄球瓶子用力滚球，把保龄球瓶子击倒，看谁击倒的保龄球瓶子最多。	3分钟	集体
	1. 交流分享。 2. 教师叫出多名幼儿演示滚球击瓶，然后教师简评。 3. 按新要求再次探索。根据时间和运动的情况，引出较远距离的滚球击瓶子和双手滚球的要求，让幼儿按新要求再次探索滚球。	6分钟	集体与分组相结合
结束部分	1. 放松活动。 2. 集体玩游戏"送球宝宝回家咯"。	2分钟	集体

游戏图解

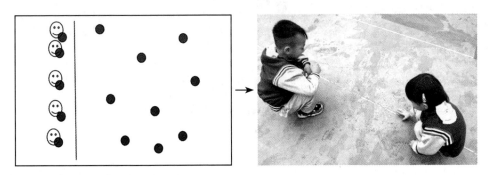

图一：打弹珠传统玩法

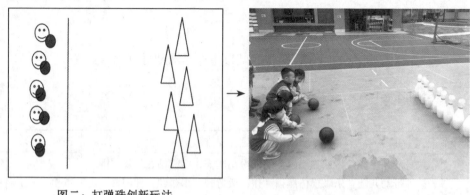

图二：打弹珠创新玩法

幼儿： 😊　　弹珠： ●　　保龄球： ●　　保龄球瓶子： △

拿着弹珠的幼儿： 😊●　　　　拿着保龄球的幼儿： 😊●

赶小猪（曲棍球）

设计意图

　　曲棍球对于小班幼儿来说还是比较难控制的，因此我在设计时加入了民间体育游戏《赶小猪》元素，传统的赶小猪游戏是拿着球将球进行直线滚动或曲线滚动到指定的地点返回，快的为胜。创新玩法有情景环节，能够很好地增加幼儿的积极性，同时还采用了较大的拱门，以此来降低难度，增强幼儿的自信心，从而更好地掌握技能。

活动目标

　　1.通过游戏活动来提高幼儿自我锻炼的意识。

　　2.经过反复游戏练习，使幼儿形成正确动作技能，使动作做到灵敏协调性。

　　3.培养运动感情，团结友爱，积极进取的品质。

活动准备

1.曲棍球棍人手1根、报纸球人手1个、拱门4个。

2.音乐和录音机。

活动重难点

经过反复游戏练习，使孩子形成正确动作技能，使动作做到灵敏协调性。

活动过程

环节	活动内容与过程安排	时间	形式
准备部分	跟着音乐，一起做模仿小猪热身操。 教师：今天很多"小猪"都跑出来，我们帮帮奶奶把"小猪"赶回去好吗？	3分钟	集体
教学与练习部分	1.出示曲棍球，引导幼儿回忆玩法 教师：今天我们就用这个棍子把"小猪"赶回家,可是要怎么赶呢？ 2.请幼儿示范，并说出规则。（不能赶得太快，要"小猪"在前面慢慢走）	5分钟	集体与个别相结合
	3.请幼儿练习。（教师指导，并纠正幼儿的动作。） 4.和幼儿进行交流分享如何更好地赶"小猪"回家。 5.幼儿再次进行游戏，并把"小猪"赶回家。	6分钟	集体
结束部分	1.跟随音乐进行放松活动。 2.去奶奶家做客咯，组织幼儿返回教室。	2分钟	集体

游戏图解

图一：赶小猪传统玩法

图二：赶小猪创新玩法

幼儿： ☺   家： ⬢   篮球： ●   曲棍球： (

拿着篮球的幼儿： ☺●   拿着曲棍球的幼儿： ☺)

大风吹（曲棍球）

设计意图

　　大风吹的传统玩法是一个人站前面做发号施令者，发号施令者说"大风吹"，集体问："吹什么？"发号施令者可以随便说："大风吹，吹耳朵。"其他人把耳朵捂住，未捂住的则表演节目或暂停游戏一次，还可以吹身体的各个部位来继续游戏，本班幼儿在平时喜欢玩大风吹游戏，因为本班幼儿手眼协调能力较差，所以我利用大风吹游戏加入曲棍球，以此来训练幼儿手眼协调能力和动作的灵活性。

活动目标

　　1.发展四肢力量，训练手眼协调能力和动作的灵活性。

　　2.能听口令玩游戏，养成遵守游戏规则的良好品质。

　　3.让幼儿体验集体游戏的乐趣，愿意和同伴一起玩耍。

活动准备

1. 人手1根曲棍球棍和1个报纸球，足球门。
2. 音乐和录音机。

活动重难点

发展四肢力量，训练手眼协调能力和动作的灵活性。

活动过程

环节	活动内容与过程安排	时间	形式
准备部分	1. 跟随音乐做热身运动。 2. 玩大风吹游戏。 教师：今天的风很凉快，我们玩一个大风吹的游戏吧！老师说大风吹，小朋友说吹什么，老师说吹哪里小朋友就要把哪里藏起来，要不然就会被抓走哦。	4分钟	集体
教学与练习部分	1. 出示曲棍球，引出玩法。 教师：这个是什么呀？我们怎么玩呢？（教师讲解并示范玩法） 2. 邀请幼儿示范，并进行集体练习。	6分钟	集体与个别相结合
	1. 进行游戏大风吹。 教师：现在我们把球宝宝带回家，当有大风来的时候要保护好自己哦。 2. 游戏进行2到3次。	6分钟	集体
结束部分	1. 放松活动。 2. 师幼共同收拾器械。	2分钟	集体

游 戏 图 解

图一：大风吹传统玩法

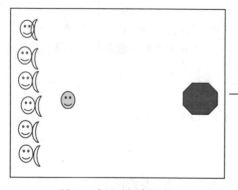

图二：大风吹创新玩法

幼儿：☺　　　家：⬛　　　发号施令者：☺　　　曲棍球：(

拿着曲棍球的幼儿：☺

打怪兽（羊角球）

设计意图

　　幼儿已经掌握了羊角球的一些技能，但幼儿的平衡和跳跃能力是有待提高的，为此我设计此次活动《打怪兽》，打怪兽最初是幼儿通过在起点上起跑，打倒怪兽返回，先回到原处的为获胜。结合民间体育游戏，让幼儿在游戏中巩固跳羊角球的技能。

活动目标

1. 通过羊角球，发展幼儿跳跃和平衡能力。
2. 初步培养幼儿的竞争意识。
3. 让幼儿体验传统民间体育游戏的乐趣。

活动准备

1. 羊角球6个、怪兽图片两张。
2. 音乐和录音机。

活动重难点

通过羊角球，发展幼儿跳跃和平衡能力。

活动过程

环节	活动内容与过程安排	时间	形式
准备部分	带领幼儿做小怪兽操。 教师：那边很多小怪兽，我们一起去打怪兽吧！	3分钟	集体
教学与练习部分	1. 出示羊角球，引导幼儿回忆球的玩法 教师：小朋友们这是什么球？还记得羊角球怎么玩吗？我请一个小朋友来试试。 2. 幼儿示范，教师重复动作要领。	3分钟	集体与个别相结合
	1. 幼儿分组练习羊角球跳。 2. 组织幼儿打怪兽 教师：小朋友都学会了跳羊角球，现在我们一起到怪兽的家打倒怪兽吧，先完成的一组为获胜哦。	6分钟	集体与分组相结合
结束部分	1. 放松活动。 2. 教师小结，及时表扬肯定幼儿。	2分钟	集体

游戏图解

图一：打怪兽传统玩法

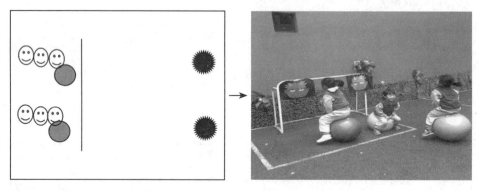

图二：打怪兽创新玩法

幼儿：☺　　羊角球：●　　妖怪：✺　　骑着羊角球的幼儿：☺●

老鼠偷蛋（足球）

设计意图

本班幼儿对足球充满了兴趣，根据他们的水平以及年龄特点，我设计了《老鼠偷蛋》的游戏。老鼠偷蛋是一个人扮演鸡妈妈，鸡妈妈要保护好

"蛋"，其他幼儿则要偷偷地去偷"蛋"，当鸡妈妈醒来时，幼儿则做抱头蹲下的动作，偷到"蛋"则用脚运回家，"蛋"一般为沙包，石子之类的。这样加入简单的情景，激发幼儿的兴趣，从而提高幼儿的控球能力，培养他们做事专注的习惯。

活动目标

1. 练习用脚运球。

2. 提高控球能力，培养做事专注的习惯。

3. 让幼儿体验集体游戏的乐趣。

活动准备

1. 画一个直径为1米的圆圈作为"老鼠的家"，配班老师做鸡妈妈。

2. 音乐、录音机、足球、拱门。

3. 已有老鼠偷蛋传统游戏经验。

活动重难点

提高控球能力，培养做事专注的习惯。

活动过程

环节	活动内容与过程安排	时间	形式
准备部分	教师带领幼儿围绕足球跑和跳。 教师：今天我们做小老鼠，老鼠妈妈带你们一起去找"蛋"好吗？但是我们要小心鸡妈妈哦。	3分钟	集体
教学与练习部分	1. 引导幼儿说出足球的玩法。 教师：这里有很多"蛋"，我们要怎么把"蛋"运回家呢？（运"蛋"的时候不要太快，要是踢得太远就会被鸡妈妈捡回去。） 2. 教师讲解动作要领，并邀请幼儿示范。（幼儿示范时重复讲述动作要领，并指出幼儿错误的动作。）	3分钟	集体与个别相结合
	3. 引导幼儿练习，教师巡回指导。 教师：老鼠妈妈，看看小老鼠有没有学会运"蛋"的本领，我们现在把球运到这里（指出一个地方，幼儿运过去。）	4分钟	集体

环节	活动内容与过程安排	时间	形式
教学与练习部分	引导幼儿把球宝宝运回家。 教师：小老鼠们都学会了运"蛋"，现在我们慢慢地把"蛋"运回家吧！	5分钟	集体与分组相结合
结束部分	1. 教师组织幼儿进行放松运动。 2. 师幼共同收拾器械。	2分钟	集体

游戏图解

图一：老鼠偷蛋传统玩法

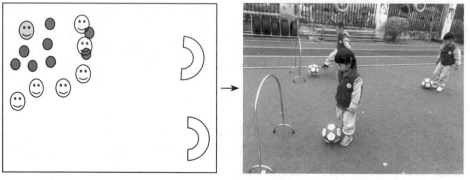

图二：老鼠偷蛋创新玩法

幼儿：☺　　母鸡扮演者：☺　　沙包：⬢　　家：⬢　　足球：●

拱门：⊃　　踢着足球的幼儿：☺　　拿着沙包的幼儿：☺

玩转球类，玩出童趣

寻宝（篮球）

设计意图

根据《3～6岁儿童学习与发展指南》利用多种活动发展身体平衡和协调能力的要求，利用多种活动发展幼儿的平衡和协调能力。自本园开展课题《球类活动与民间体育游戏整合的实践与研究》以来，我班幼儿对民间游戏产生了浓厚的兴趣，教师利用游戏及球类发展幼儿的平衡、投掷等能力，使其身体素质得到较大提高，但幼儿拍球动作的掌握以及手眼协调能力仍需提高，因此设计了本次活动激发幼儿拍球活动的积极性，促使幼儿在主动游戏过程中，不断发展身体的协调性。

活动目标

1. 巩固幼儿拍球的动作，提高幼儿拍球的兴趣和球感。
2. 通过拍球发展幼儿手眼协调、反应灵敏等身体素质。
3. 激发幼儿参与活动的积极性，从活动中感受和同伴一起玩耍的乐趣。

活动准备

1. 篮球人手1个。
2. 配音：动物出现时的音乐、结束时的律动音乐。
3. 大灰狼、狮子、老虎头饰各1个，宝盒3个，第一个宝盒装闯关成功纸条，第二个宝盒装宝藏钥匙，第三个宝盒装宝藏。
4. 场景布置，树两棵、石头两个，在场地周围摆放。

活动重难点

巩固幼儿拍球的动作，提高幼儿拍球的兴趣和球感。

活动过程

环节	活动内容与过程安排	时间	形式
准备部分	1.儿歌热身操：教师自编（从上往下进行准备运动） 教师："今天天气真好，我们一起做运动吧！"	3分钟	集体
准备部分	2. 游戏"老鼠老鼠在哪里"。教师提出出去找老鼠的建议，激发幼儿活动的兴趣。 以儿歌"小猫小猫本领大，大家一同捉老鼠，找找这儿，找找那儿，找找××（地点）有没有"引导幼儿向指定方向自然跑。 找到"老鼠"，"老鼠"告诉我们一个天大的秘密，森林里藏有好多宝藏，从而引出情景游戏。	3分钟	集体
教学与练习部分	练习拍球（可进行木头人游戏）。 教师："森林里藏有很多凶恶的动物，想要宝藏就要打败它们，那些动物要听到拍球的声音才会醒来，可是醒来要怎么样才能打跑它们呢？"（引出用枪的方式打跑，并开始练习拍球。） （1）集中交流边走边拍球的方法。请个别幼儿示范，示范者自己解说，或师幼共同为其解说，小结基本动作要领：一步一步慢慢走，眼睛看着前面走。 （2）幼儿尝试边走边拍球（教师引导幼儿练习）。	5分钟	集体与个别相结合
教学与练习部分	游戏，一同前往森林。 教师："小朋友都学会了本领，我们现在一同前往森林吧，看见凶恶的动物要记得抱球蹲下，然后开枪打跑它哦！" 第一次：幼儿拍球前进遇到大狮子，打跑并获得宝盒（宝盒藏有闯关成功纸条）。 第二次：幼儿拍球前进遇到大灰狼，打跑并获得宝盒（宝盒藏有宝盒钥匙）。 第三次：幼儿拍球前进遇到大老虎，打跑并获得宝盒（宝盒藏有宝藏，如棉花糖）。	7分钟	集体
结束部分	1.庆祝胜利，跳庆祝舞。 （1）师幼共同收拾器械。 （2）师幼随音乐做运动。 2.身心放松活动结束后，师幼离场。	3分钟	集体

游戏图解

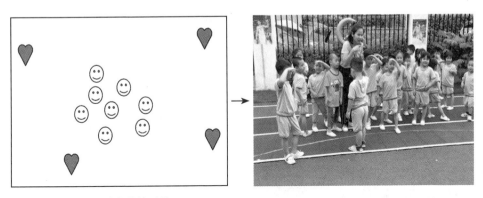

图一：寻宝传统玩法

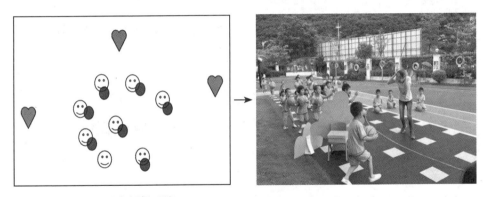

图二：寻宝创新玩法

幼儿：☺　　宝藏：♥　　篮球：●　　拿着篮球的幼儿：☺●

炒蔬菜（羊角球）

设计意图

此次活动的设计意图是发展幼儿动作的灵活性和协调性，为了锻炼幼儿跳跃和平衡能力，我设计了民间游戏《炒蔬菜》，《炒蔬菜》的玩法是首先让幼儿找到自己的好朋友，两人面对面、手拉手站好，然后一边说儿歌"炒、炒、炒蔬菜，炒好蔬菜翻跟斗"，一边向里外晃手表示"炒蔬菜"的动作，儿歌结束时，两个人一块翻转身体。这个游戏主要发展幼儿的协调性和平衡能力，看似小小的翻跟头，平衡感不好的幼儿则较难掌握这个动作。我不仅仅用翻跟斗来发展幼儿的平衡力，而且还加入了羊角球，羊角球也是发展幼儿平衡的一种器械，羊角球的加入使得整个活动的目标能更好地达到。

活动目标

1. 能边念儿歌边做动作，掌握侧身翻的技巧，发展动作的灵活性和协调性。
2. 乐意和同伴结对玩耍，体验体育活动带来的乐趣。
3. 发展幼儿的跳跃和平衡能力。

活动准备

1. 活动前幼儿熟记《炒蔬菜》的儿歌：炒、炒、炒蔬菜，炒好蔬菜翻跟斗。
2. 羊角球两个或4个。

活动重难点

能边念儿歌边做动作，掌握侧身翻的技巧，发展动作的灵活性和协调性。

活动过程

环节	活动内容与过程安排	时间	形式
准备部分	热身运动：听音乐活动手臂、手指、腰等部位。教师：今天天气真好，小朋友们我们一起出去玩游戏吧！	3分钟	集体
教学与练习部分	1. 先引导幼儿讨论："炒蔬菜"应该怎样炒？ 幼儿根据已有经验，回忆炒菜的样子，激发幼儿游戏兴趣。 2. 向幼儿介绍玩法：首先幼儿找到自己的好朋友，两人面对面、手拉手站好，然后一边说儿歌"炒、炒、炒蔬菜，炒好蔬菜翻跟斗"，一边向里外晃手表示"炒蔬菜"的动作，儿歌结束时，两个人一块翻转身体。 3. 幼儿练习，教师可在旁提醒幼儿用多种方法"炒"，如单手"炒"、双手"炒"等。	5分钟	集体与个别相结合

环节	活动内容与过程安排	时间	形式
教学与练习部分	4.出示羊角球,增加游戏趣味性。 教师:刚刚很多小朋友都学会了"炒蔬菜",现在我们和羊角球继续玩游戏,羊角球还记得怎么玩吗?(引出新的游戏规则,幼儿炒完蔬菜,则用羊角球跳到指定的地方返回。) 5.教师及时指导和纠正。	6分钟	集体与分组相结合
结束部分	1.教师进行小结,及时表扬认真积极的幼儿。 2.组织幼儿进行放松运动。	2分钟	集体

游戏图解

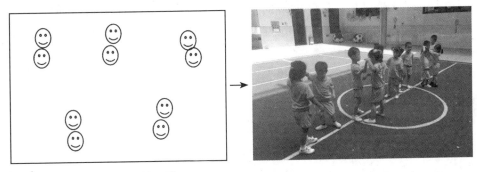

图一:炒蔬菜传统玩法

图二:烧蔬菜创新玩法

幼儿:😊　　　羊角球:⬤　　　骑着羊角球的幼儿:

小麻雀和稻草人（篮球）

设计意图

小麻雀和稻草人的原始玩法是游戏开始，"稻草人"念儿歌："稻草人，警惕高，谁偷粮食就抓谁。"然后蹲在谷场中央。接着"小麻雀"念："小麻雀，肚子饿得咕咕响，跳到谷场想吃粮。"念完后双脚并拢从"树"上跳下，到谷场啄粮吃。教师发出信号："风来了""稻草人"立即站起，四处追捉谷场上的"小麻雀""小麻雀"赶快飞回到"树"上，被捉到的第一只"小麻雀"跟"稻草人"互换角色，游戏重新开始。本游戏的创新点在于在小麻雀和稻草人的游戏基础上，加入了篮球，更增添了"捡豆豆"的情境性，而且能够在一定程度上增加难度锻炼幼儿双脚跳的能力，这些无疑都能更好地增添幼儿的兴趣。

活动目标

1. 通过游戏培养双脚夹球跳的能力。
2. 发展幼儿的想象力，引导幼儿想出不同的夹球方式。
3. 培养幼儿喜欢民间体育游戏的情感。

活动准备

1. 报纸球人手1个、稻草人图片1张、雪糕筒若干。
2. 音乐和录音机。

活动重难点

通过游戏培养双脚夹球跳的能力。

活动过程

环节	活动内容与过程安排	时间	形式
准备部分	热身活动。 教师带领幼儿扮演小麻雀入场，并跟着音乐做热身活动：弯弯腰、踢踢腿、扭一扭，转一转等。	3分钟	集体
教学与练习部分	1. 出示稻草人，引出游戏小麻雀和稻草人。 教师：小朋友，你们看这是什么？（引导幼儿回答，引出游戏规则。） 2. 教师带领幼儿进行游戏。	3分钟	集体与个别相结合
	出示报纸球，引导幼儿想出不同的夹球方式。 教师：这里很多豆豆，小麻雀要怎么带回去呢？（引出夹球跳，并请幼儿示范和练习。）	5分钟	集体
	1. 幼儿进行第一次游戏：幼儿双脚并拢捡豆豆，捡到豆豆夹球跳。（无障碍夹球跳） 2. 幼儿进行第二次游戏：幼儿依旧双脚并拢捡豆豆，捡到豆豆夹球跳。（雪糕筒障碍夹球跳） 教师做稻草人，幼儿做小麻雀。幼儿游戏过程中，教师应及时表扬做得好的幼儿，提醒幼儿正确动作。	6分钟	集体与分组相结合
结束部分	1. 放松活动。 2. 教师小结，师幼共同收拾器械。	2分钟	集体

游戏图解

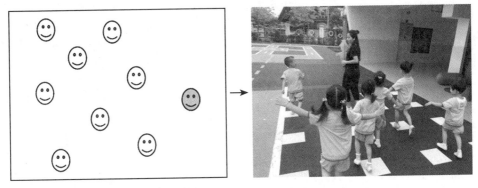

图一：小麻雀和稻草人传统玩法

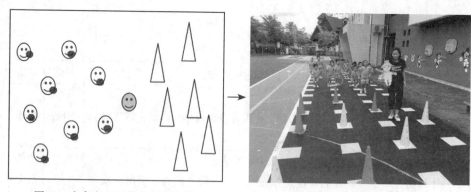

图二：小麻雀和稻草人创新玩法

幼儿：☺　　　　发号施令者：☻　　　雪糕筒：△

篮球：⬢　　　　夹着篮球的幼儿：☻

中班游戏集

 4～5岁幼儿身心发展特点

4～5的幼儿处于学前儿童阶段的中期。此阶段的幼儿在身体方面：身高、体重的增长速度相对缓慢，心肺机能正处于初步发展时期，骨骼肌肉有所发展但还非常柔弱；在心理方面：感知能力、感知兴趣、活动兴趣逐渐增强。对感兴趣的事物可以维持3～5分钟时间，能根据要求和以往的经验观察事物。他们喜欢和同伴一起玩，在活动中他们逐渐学会了交往，会与同伴共同分享快乐，还获得了领导同伴和服从同伴的经验。此时他们开始有了嫉妒心，能感受到强烈的愤怒与挫折。有时，他们还喜欢炫耀自己所拥有的东西，有了初步的竞争意识和行为。

此年龄阶段的幼儿在身体发育过程中，一方面精力充沛，他们的身体开始变得结实、体力较佳，可以步行一定的路程。基本动作更为灵活，不但可以自如地跑、跳、攀登，而且可以单足站立，会抛接球，能骑小车等，手指动作比较灵巧，可以熟练地穿脱衣服、扣纽扣、拉拉链、系鞋带，也会完成折纸、穿珠、拼插积木等精细动作。动作质量明显提高，既能灵活操作，又能坚持较长时间；另外一方面由于其骨骼、肌肉、心脏、肺脏等器官机能尚处于初步发展阶段而较为柔弱，因此不适宜进行大运动量、高难度的动作锻炼，更不能进行运动员化的竞赛和训练。因此教养者对此年龄阶段的幼儿，应该多给予符合其年龄特点"故事化、生活化、趣味化"的"走、跑、跳、爬、钻、投掷、平衡"等动作练习及轻器械地玩耍游戏来锻炼其身心，提高其体能。

在幼儿园中，此年龄阶段的幼儿的活动需要和模仿欲望日益强烈，但身体骨骼肌肉尚不强健，器官组织的机能尚未成熟，他们的运动需要与身体机能之间存在较大矛盾，他们的身体活动需要成人有目的地控制、指导和安排。4～5岁的幼儿身体还较为柔弱，对疾病的抵抗和免疫能力较低，易患各种季节性传染疾病，身体易受侵害。因此，成人要在关注幼儿营养、学习、生活的同时，注重养成他们良好的早睡早起、讲究卫生的习惯；要给予他们充足的户外体育游戏和身体锻炼的机会，充分地给予他们户外体育活动和身体锻炼的机会。通过加强幼儿的体育游戏活动内容和时间来熟练他们的基本动作，培养他们对体育的兴趣，增进他们的运动能力，提高他们的身体素质，进而达到增强幼儿体质的目标，为他们未来的人生打下坚实的身心健康基础。

4~5岁幼儿体育活动锻炼目标

1. 能熟练、协调地双脚交替上、下楼梯。

2. 能轻松、协调地走、跑交替250米不觉疲惫。

3. 能按信号的指令有节奏地变速走、变速跑。

4. 能步行1 500米距离。

5. 能快速地奔跑20~25米的距离。

6. 能灵活、协调地向前、向上、向左、向右连续地跳跃。

7. 能连续纵跳用手触摸离幼儿自己高举的手尖20厘米以上的物体。

8. 能轻松、自然地从30厘米高处跳下。

9. 会双脚连续跳过20厘米高、40厘米宽的多个地面障碍物。

10. 能双脚并拢一次跳跃过地面40厘米的距离。

11. 能协调、熟练地在高40厘米高度内的各种障碍中钻进、钻出。

12. 能单脚独立紧闭双眼3秒以上。

13. 能闭眼自转三圈、闭眼向前方行走10米不摔倒。

14. 能自然、协调地在宽20厘米、高25厘米、长3~5米的平衡板上走。

15. 能在指定（半径1米的圆或4平方米）的范围内连续地拍球（一次拍50个以上）。

16. 能用手将100~200克重量的沙包投向前方（左手投6米以上，右手投10米以上）。

17. 能手脚协调地中速爬越3米高的爬网。

18. 能跟随着音乐的节奏正确、合拍、有力地做徒手操、轻器械操。

19. 能根据信号的要求迅速地站成各种队形（圆、方、四队、两队等）

20. 能用双手站立式支撑身体3分钟以上。

21. 能双手抓握单杠悬垂身体20秒以上。

22. 喜欢参加各种内容和形式的体育活动。

附：中班游戏活动安排

民间游戏活动	融入球类
木头人	篮球
滚铜钱	篮球
网鱼	篮球
空中接物	手球
拾豆子	报纸球、海绵球、篮球
大象拔河	篮球
斗牛	篮球
听音摸瞎	篮球
老鹰捉小鸡	篮球
平衡顶	报纸球
地雷爆炸	篮球
飞箭投壶	报纸球
打尾巴咯	手球
套圈	保龄球
贴药膏	篮球
不倒翁	篮球
抛抛乐	手球
夹包	报纸球
切西瓜	篮球
抢椅子	篮球
拉大锯	足球
老鹰偷蛋	手球

民间游戏活动	融入球类
夹粽子	海绵球
打妖怪	报纸球
炸碉堡	报纸球
小蚂蚁搬豆子	足球

木头人（篮球）

传统玩法

"木头人"的传统玩法是，游戏喊"一二三"时，众人随意行走，当喊到"木头人"的时候，众人停止不动；谁动了就要接受惩罚，退出游戏；游戏反复进行，直到剩下一个人为止。本游戏的创新点在于在传统玩法的基础上，教师加入行进间拍球的环节，从而延伸了这个游戏，同时也是利用游戏达到幼儿练习拍球的目的，不再是枯燥地学习各种技能技巧。

活动目标

1. 让幼儿自己带篮球摆出各种造型，促进幼儿想象力的发展。
2. 训练幼儿自我控制能力，能够站住保持身体不动，训练平衡能力。

活动准备

1. 篮球。
2. 音乐。
3. 宽阔无障碍的场地。

活动重难点

1. 训练幼儿自我控制能力，能够站住保持身体不动，训练平衡能力。
2. 让幼儿自己带篮球摆出各种造型，促进幼儿想象力的发展。

活动过程

环节	活动内容与过程安排	时间	形式
准备部分	1.幼儿站成早操队形，在音乐伴随下做准备运动。 2.幼儿跟着老师绕场进行快跑—慢跑。	4分钟	集体
教学与练习部分	1.玩民间游戏"木头人"，讲解游戏玩法。 教师：幼儿集体念儿歌，扮演木头人，"山山山，山上有个木头人，木头人，不准说话不准动。"要求幼儿念完儿歌后做一个造型动作，在规定时间内不准动。如果有一人先忍不住说话，或者笑，或者行动，则这个人是游戏失败者。暂停一次游戏，然后再开始下一轮木头人游戏。 2.请几名幼儿示范玩木头人游戏。 3.集体玩游戏。	8分钟	集体与个别相结合
	1.出示篮球，提问孩子怎样结合篮球玩"木头人"的游戏。 2.请几名幼儿示范玩拍球木头人游戏。 3.集体玩游戏。	10分钟	集体与分组相结合
结束部分	1.在教师带领下随音乐做放松动作。 2.教师对此活动进行简单小结。	3分钟	集体

游戏图解

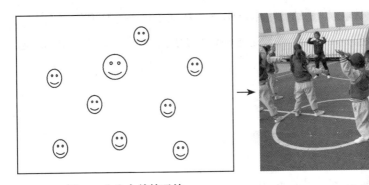

图一：木头人传统玩法

图二：木头人创新玩法

教师: ☺ 幼儿: ☺ 篮球: ● 拿着篮球的幼儿:

滚铜钱（篮球）

设计意图

在一次雨天的餐后活动中，我组织孩子玩小积木，有几个男孩子蹲在地板上，用小积木在地板上滚，比赛谁的小积木滚得远，男孩子兴奋的欢呼声引来了其他孩子的围观，我想，这不就是民间传统游戏"滚铜钱"吗？于是便设计了这次活动。"滚铜钱"是幼儿手拿圆形盖子从凳子最高处让其滚动而下，圆形盖子滚动越远越好。为了让孩子更容易地掌握这个游戏的规则，我们用篮球让孩子在地面上滚动撞击。

活动目标

1. 发展幼儿注意力，提高手眼协调能力。
2. 练习滚球的技巧。
3. 调动幼儿对体育活动的兴趣，培养机智、守纪律的品质。

活动准备

篮球、音乐。

活动重难点

1. 幼儿对游戏规则的理解和游戏行动。
2. 幼儿能正确地目测到对方篮球的位置并能撞中。

活动过程

环节	活动内容与过程安排	时间	形式
准备部分	1. 幼儿随音乐跟着老师做热身动作。 2. 小游戏：什么动物出来了？	4分钟	集体
教学与练习部分	1. 引导幼儿探索滚瓶盖的玩法。 （1）教师：小朋友，今天我们每个人手上都有一个瓶盖，今天老师要小朋友来滚瓶盖，可是怎么玩呢？ （2）请小朋友找到一个宽敞的地方，用你自己的方法去滚瓶盖。可以一个人玩也可以和好朋友一起玩。 2. 幼儿分散滚瓶盖，教师注意观察。 3. 将幼儿集中起来，教师示范讲解滚球击物的玩法：我们请××小朋友演示一下他玩球的方法。蹲下→双手扶球→看准→推。 4. 请幼儿用刚才学习的方法玩滚球。 5. 请幼儿两两结伴玩滚球的游戏。 现在，请两个小朋友为一组，找一块宽敞的地方，一个人将自己的皮球放在旁边，面对面蹲好，你把球推给我，我把球推给你。	8分钟	集体与个别相结合
	1. 游戏"滚球"。 教师交代游戏玩法：今天我们玩"滚铜钱"的比赛，我们用篮球替换铜钱，两个小朋友来比赛，比比谁的球滚得最远。 2. 分组进行集体比赛。	10分钟	集体与分组相结合
结束部分	1. 放松运动。 2. 小结，结束活动。	3分钟	集体

游戏图解

图一：滚铜钱传统玩法

图二：滚球创新玩法

幼儿：☺　　　　瓶盖：◎　　　　篮球：●

拿着篮球的幼儿：☺●　　　　拿着瓶盖的幼儿：☺◎

网鱼（篮球）

设计意图

网鱼要求若干幼儿手拉手站成圈搭成渔网，几名幼儿扮演"小鱼"在渔网中和渔网外慢慢游动，幼儿边游边念儿歌，当念到"快快捉住"时，搭渔网的幼儿双手靠拢并蹲下，围住在渔网中的"小鱼"，被圈住的幼儿停止游戏。当"小鱼"被网完时重新分配角色，游戏继续。"网鱼"游戏传统的玩法是孩子们手拉手搭成渔网，而创新后我利用了麻绳编织成的渔网，让全体幼儿都能当小鱼，在练习钻过渔网的游戏中，锻炼孩子的走、跑、钻、爬以及行进间运球的技能技巧，更受孩子们的喜欢。

活动目标

1. 学习掌握弯腰运球钻过障碍物的方法。
2. 通过游戏，发展幼儿钻、爬、跑等技能，增强下肢力量。
3. 感受球类活动的乐趣，喜欢与同伴共同游戏。

活动准备

1. 渔网、与幼儿人数相等的篮球。
2. 音乐《美国巡逻兵进行曲》《秋日私语》。
3. 已有玩网鱼传统游戏的经验。

活动重难点

1. 幼儿对游戏规则的理解和游戏行动。
2. 掌握弯腰运球钻过障碍物的方法。

活动过程

环节	活动内容与过程安排	时间	形式
准备部分	1. 听音乐做准备动作。 2. 绕球跑步训练。 3. 队形练习。	4分钟	集体
教学与练习部分	1. 幼儿自由练习行进间运球。 2. 出示渔网导入活动。 3. 讲解游戏规则。 教师：我是一位渔夫，小朋友当小鱼，篮球是泡泡，在玩游戏的时候，小朋友必须抱着泡泡。在穿越渔网的时候，小鱼身体的任何一个部分都不可以碰触渔网，如果被渔网网住了，你们就成了我的战利品，就要停止游戏一次。 4. 请几名幼儿示范如何钻过渔网。	8分钟	集体与个别相结合

续 表

环节	活动内容与过程安排	时间	形式
教学与练习部分	1. 幼儿抱着球练习钻过约70厘米高的渔网。（教师边哼唱歌曲边赶鱼） 2. 抱着球练习爬过高度约50厘米的渔网。 3. 幼儿拍球穿越渔网。 4. 幼儿绕过障碍物（大石头）穿越渔网。	10分钟	集体与分组相结合
结束部分	1. 放松运动。 2. 小结，结束活动。	3分钟	集体

游戏图解

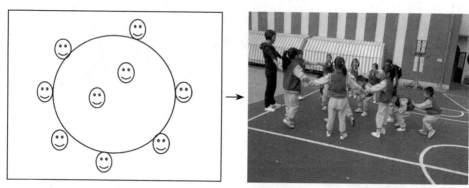

图一：网鱼传统玩法

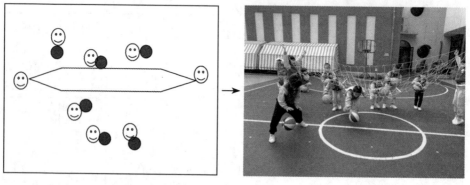

图二：网鱼创新玩法

幼儿：☺ 篮球：⬤ 渔网：◇ 拿着篮球的幼儿：☺⬤

空中接物（手球）

设计意图

"空中接物"是一个合作性比较强的游戏，它的传统玩法是两名幼儿进行游戏，一名幼儿双手拿筛子，一名幼儿手拿沙包，两者保持一定的距离，投掷手瞄准筛子后将沙包投出，拿筛子的幼儿则快速移动位置接住对方的沙包。沙包比较重，落点后不会轻易弹走，到了中班的孩子，要求有所提高，我们用手球替换了沙包，对幼儿的要求难度更高，从而也更容易激发幼儿的兴趣。

活动目标

1. 练习投掷技能，提高对距离远近的目测能力。
2. 培养幼儿互相配合和互相合作的团队意识。
3. 尝试用筛子接住抛过来的沙包和手球，使其不落地。

活动准备

1. 人手1个手球。
2. 人手1个筛子。
3. 人手1个沙包。

活动重难点

1. 练习投掷技能，提高对距离远近的目测能力。
2. 用筛子接住抛下来的沙包和手球，使其不落地。

活动过程

环节	活动内容与过程安排	时间	形式
准备部分	1. 师生随着音乐，活动四肢和腰部做热身运动。 2. 队列队形练习。	4分钟	集体

环节	活动内容与过程安排	时间	形式
教学与练习部分	1. 出示筛子和沙包导入活动。 教师：今天我们要用这些筛子和沙包玩一个新的游戏，叫空中接物。请小朋友试一试，看看能不能把沙包抛起来后用筛子把沙包接住。 2. 幼儿第一次尝试。 （1）教师在幼儿尝试过程中，巡视幼儿尝试的情况。 （2）幼儿集体谈论：你是怎么用筛子接住沙包的？ （3）教师提出完成动作的基本要点：手要用力把沙包抛起来，眼睛看准沙包，快速跑到沙包将要落地的位置。 3. 幼儿进行第二次尝试，掌握正确的基本动作要领。	8分钟	集体与个别相结合
	1. 空中接物创新玩法。 （1）讲解游戏规则。 （2）教师完整示范。 （3）请个别幼儿示范。 2. 幼儿分散玩创新空中接物，教师巡回指导。	10分钟	集体与分组相结合
结束部分	1. 播放轻音乐：让幼儿放松身体，引导同伴之间互相合作放松。 2. 教师小结，共同收拾器械结束活动。	3分钟	集体

游戏图解

图一：空中接物传统玩法

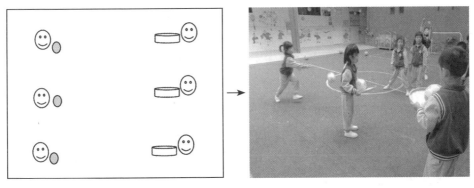

图二：空中接物创新玩法

| 幼儿： 😊 | 筛子： ▬ | 沙包： ⬣ | 手球： 🔵 |

拾豆子（报纸球、海绵球、篮球）

设计意图

幼儿进入中班以后，拍球技术已经有了很大的提升，为了让幼儿掌握边拍球边半蹲拾物，结合传统民间体育游戏"拾豆子"，我创设了一个帮农民伯伯拾豆子的情景，将报纸球随意散在地上，幼儿边走边念儿歌"红豆豆，绿豆豆，落在地上圆溜溜，见到豆豆拾起来，颗颗装进小背篓。拾豆豆啦。"当念到"拾豆子啦"时幼儿开始跑步出发，边跑边用筷子夹起报纸球并放入篮子里，在规定时间内夹多者为胜。

活动目标

1. 训练幼儿高低拍球的技巧。
2. 促进幼儿手眼协调能力的发展。
3. 培养幼儿喜欢玩报纸球的兴趣。

活动准备

1. 音乐。

2. 报纸球、篮球、海绵球。

3. 篮子。

活动重难点

1. 训练幼儿高低拍球的技巧。

2. 要求幼儿做到在蹲下来拾物时保持球不掉下来。

活动过程

环节	活动内容与过程安排	时间	形式
准备部分	1. 幼儿在音乐伴随下做准备运动，头部运动、腰部运动、下蹲运动等。 2. 队列练习，绕场扮演大鸟、小鸟飞。	4分钟	集体
教学与练习部分	1. 创设情境，导入游戏。 教师：农民伯伯的豆子丰收了，豆子掉得满地都是，农民伯伯想请你们帮忙把豆子拾起来。 2. 讲解游戏玩法。 教师：可是农民伯伯有要求，他说小朋友要边运球走边念儿歌"红豆豆，绿豆豆，落在地上圆溜溜……拾豆豆咯"，当念完"拾豆豆咯"，我们拾起一个个豆豆，看谁拾的豆子最多。 3. 幼儿分散练习《拾豆子》游戏，教师巡回指导。 4. 小结。	8分钟	集体与个别相结合
	1. 导入《拾豆子》比赛。 教师：小朋友已经学会了拾豆子了，现在我们要进行"拾豆子"比赛，这次我们的豆子是比较大的黄豆。 2. 讲解游戏规则。 教师：小朋友分成两排，第一个小朋友从起点出发，用高拍球的方法走到终点，然后用低拍球的方法拾起一粒豆子，然后从旁边走回来，跟第二个小朋友击掌，第二个小朋友继续出发去拾豆子，看哪一组小朋友最先完成任务。 3. 幼儿进行拾豆子比赛。 4. 小结第一次游戏情况，重复游戏。	10分钟	集体与分组相结合
结束部分	1. 在教师带领下随音乐做放松动作。 2. 教师小结，师幼离开场地。	3分钟	集体

游戏图解

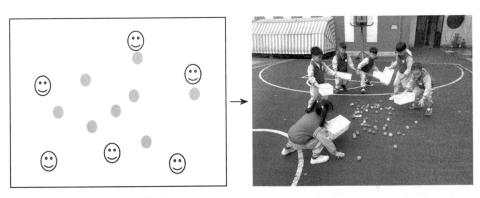

图一：拾豆子传统玩法

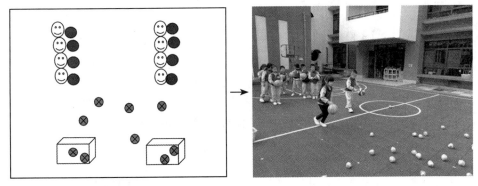

图二：拾豆子创新玩法

幼儿： ☺   篮球： ●   报纸球： ⊗   海绵球： ●

篮子： ▱   拿着篮球的幼儿： ☺●

🐘 大象拔河（篮球）

设计意图

大象拔河的传统玩法是两名幼儿背对背站立，将绳子分别套在幼儿的腰部，当口令开始后，幼儿分别向相反方向拉绳子，被拉过中线者为输。为了增强游戏的乐趣，我们增加了四个孩子一起玩大象拔河的游戏，以谁先把篮球投中为胜。

活动目标

1. 训练幼儿肩部的拉力和身体的平衡力。
2. 培养幼儿坚持和坚强的意志品质。
3. 感受力的分与合。

活动准备

1. 弹力绳4条，约10米。
2. 篮球8个。
3. 篮球筐4个。

活动重难点

1. 训练幼儿肩部的拉力和身体的平衡力。
2. 多名幼儿同时反方向拉动绳子时能保持身体的平衡移动。

活动过程

环节	活动内容与过程安排	时间	形式
准备部分	1. 师生随着音乐用绳子做热身运动。 2. 队列训练，开花走。 3. 小游戏：小老鼠坐电梯。	4分钟	集体
教学与练习部分	1. 讲解创意"用绳子来锻炼"。 教师：小朋友，绳子有很多种玩法，今天我们用绳子来锻炼身体，你们可以一起合作，看看哪一组的锻炼方法好而且多。 2. 幼儿分散在场地中独自或者结伴试用绳子进行各种运动。 3. 幼儿交流展示绳子的玩法。 （1）分别请几个小朋友把具有锻炼性的玩法展示给大家看，教师进行动作要点讲解。 （2）在教师带领下，全体幼儿一起进行跳绳、钻绳、抛绳等锻炼。	8分钟	集体与个别相结合

续 表

环节	活动内容与过程安排	时间	形式
教学与练习部分	1. 游戏：大象拔河。 幼儿两两一组玩大象拔河的游戏。 2. 游戏：大象投篮。 幼儿四人一组玩大象投篮的游戏。	10分钟	集体与分组相结合
结束部分	1. 播放音乐：让幼儿放松身体。 2. 教师小结，共同收拾器械结束活动。	3分钟	集体

游戏图解

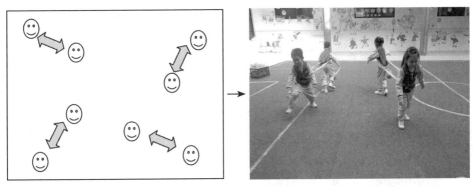

图一：大象拔河传统玩法

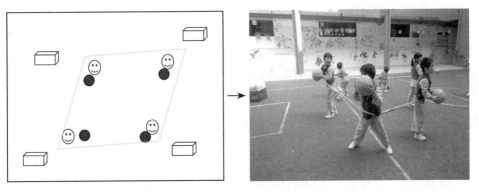

图二：大象拔河创新玩法

幼儿：☺　　弹力绳：⬌　　长弹力绳：▱　　篮球：●

篮球筐：▱　　拿着篮球的幼儿：☺●

斗牛（篮球）

设计意图

进入中班后，幼儿的基本动作有了进步，他们不仅能够自如地进行跑、跳、爬等动作，随着我园民间体育活动的开展，幼儿的参与性也有了提高，他们敢于尝试、探索各种动作，但是平衡能力和身体协调能力相对比较弱，为了锻炼幼儿的单脚弹跳力，我设计了这个游戏。"斗牛"源于民间体育游戏"弹拐子"，传统的玩法是幼儿将一条腿自然抬起放在另一条腿上并用手扶住，单脚跳跃。游戏的创新点在于增大难度，让孩子在用手扶住脚的同时还要保护球不能掉下来。

活动目标

1.提高幼儿身体平衡能力和协调能力。
2.促进幼儿单脚弹跳力的发展。

活动准备

音乐、篮球。

活动重难点

1.提高幼儿身体平衡能力和协调能力。
2.幼儿能保持身体平衡单脚弹跳。

活动过程

环节	活动内容与过程安排	时间	形式
准备部分	1.幼儿在音乐伴奏下准备动作。 2.带领幼儿绕场跑做热身运动。	4分钟	集体

环节	活动内容与过程安排	时间	形式
教学与练习部分	1. 导入游戏。 教师：小朋友，你们有没有听过"斗牛"啊？斗牛是怎样斗的呢？幼儿讨论。 教师：今天我们也玩一个新的民间体育游戏，它的名字叫"斗牛"。 2. 讲解游戏规则及玩法。 教师：玩"斗牛"游戏的时候，我们将一条腿自然抬起放在另一条腿上面并用手扶住，单脚跳跃。用自己的膝盖去顶对方的膝盖，谁最先站不稳，脚放下来了，就是输了。 3. 请个别能力强的幼儿示范。 教师：谁先来试试？ 4. 幼儿分散自由练习，教师巡回指导。	8分钟	集体与个别相结合
	5. 把幼儿分成两组，进行PK赛。 6. 竞赛游戏。幼儿分成四组进行比赛，"斗牛"动作跳到终点，拿一个篮球拍着球回来，哪一组最快就获胜。	10分钟	集体与分组相结合
结束部分	1. 在教师带领下随音乐做放松动作。 2. 教师小结，师幼离开场地。	3分钟	集体

游戏图解

图一：斗牛传统玩法

图二：斗牛创新玩法

幼儿：   篮球： ●   拿着篮球的幼儿： ☺●

听音摸瞎（篮球）

设计意图

体育游戏是孩子最主要的活动，也是孩子最喜欢的活动，《摸瞎》这个活动是一个传统民间体育游戏，孩子们都非常熟悉，也很喜欢玩。它的基本玩法是：一名幼儿用毛巾蒙住眼睛扮演"瞎人"，其他幼儿在指定的范围内慢慢移动，引导"瞎人"根据声音进行抓捕同伴。为了锻炼幼儿的反应能力和判断能力，发展幼儿的身体平衡能力，我设计了《听音摸瞎》这个游戏，让幼儿根据球声判断方向抓捕其他人。

活动目标

1.锻炼幼儿的反应能力和判断能力，练习躲闪和跑步能力。
2.发展幼儿的身体平衡能力，并根据球声判断方向抓捕其他人。
3.培养幼儿喜欢参与民间游戏并能从中体验到快乐的情感。

活动准备

1.眼罩、篮球。

2.宽阔无障碍的场地。

活动重难点

1.锻炼幼儿的反应能力和判断能力，练习躲闪和跑步能力。

2.能根据球声判断方向抓捕其他人。

活动过程

环节	活动内容与过程安排	时间	形式
准备部分	1.幼儿在音乐伴奏下做准备活动。 2.带领幼儿听哨声，快、慢交替跑热身。	4分钟	集体
教学与练习部分	1.玩"闭眼转圈"游戏，训练幼儿平衡能力。 教师：小朋友我们来玩一个闭眼转圈的游戏，我们抱着篮球闭着眼睛，转三个圆圈，转完圆圈以后连续拍三下球。 2.请个别能力强的幼儿示范。 教师：谁先来挑战试试? 3.幼儿分散自由练习，教师巡回指导。	8分钟	集体与个别相结合
	游戏："摸瞎"。 （1）讲解游戏规则。 教师：请一名小朋友蒙住眼睛扮演"瞎人"，其他幼儿在指定范围内边拍球边慢慢移动，游戏开始后，"瞎人"根据球声去捉人，当"瞎人"来捉人时抱着球站在原地不动，被捉到就互换角色。 （2）分组玩摸瞎游戏。	10分钟	集体与分组相结合
结束部分	1.幼儿在教师的带领下跟着音乐节奏进行各种放松运动。 2.教师对活动进行总结，带领幼儿收拾器械离开场地。	3分钟	集体

— 125 —

图一：摸瞎传统玩法

图二：摸瞎创新玩法

幼儿：☺　　篮球：●　　眼罩：◆　　拿着篮球的幼儿：

老鹰捉小鸡（篮球）

传统玩法

　　"老鹰捉小鸡"传统的玩法是练习幼儿躲闪跑的能力，发展幼儿灵敏协调能力，但是，孩子们玩得太兴奋的时候就会速度过快导致跌倒。为此我们创编了新的游戏玩法，在小鸡中放一些"蛋"，让孩子在躲闪老鹰的时候还要保护好鸡蛋，培养孩子能主动与同伴合作完成游戏的能力。

活动目标

1.练习幼儿躲闪跑的能力，发展幼儿灵敏协调能力。

2.巩固拍球技巧，培养幼儿团队精神。

3.培养孩子能主动与同伴合作完成游戏的能力。

活动准备

1.音乐、篮球、头饰。

2.宽阔无障碍的场地。

活动重难点

1.练习幼儿躲闪跑的能力，发展幼儿灵敏协调能力。

2.幼儿听到老鹰音乐后马上拍球躲到母鸡身后不被老鹰捉住。

活动过程

环节	活动内容与过程安排	时间	形式
准备部分	1.幼儿在《老鹰捉小鸡》音乐伴奏下准备动作。 2.带领幼儿模仿小鸡跑，母鸡跑，老鹰飞，做热身运动。	4分钟	集体
教学与练习部分	1.出示头饰，导入游戏。 教师：刚才我们模仿了小鸡、母鸡和老鹰飞，有一个游戏叫《老鹰捉小鸡》你们有没有玩过？ 2.请配班老师扮演老鹰，请几个幼儿扮演小鸡。 3.讲解游戏玩法。 教师：每一个小组的小朋友都排成纵队，请一名小朋友扮演老鹰，前面的小组长先来扮演母鸡，其他的小朋友扮演小鸡，老鹰想办法去捉小鸡，小鸡要躲在母鸡后面，不能让老鹰捉住了。 4.孩子分组玩游戏《老鹰捉小鸡》两次。	8分钟	集体与个别相结合
	1.创编游戏《老鹰捉小鸡》。 规则：播放《老鹰捉小鸡》音乐，小鸡部分音乐的时候，小朋友自由拍球，听到老鹰音乐的时候，赶紧抱着球躲在母鸡后面，不能让老鹰捉到。 2.幼儿分组进行游戏。	10分钟	集体与分组相结合

续 表

环节	活动内容与过程安排	时间	形式
结束部分	1. 在教师带领下随音乐做放松动作。 2. 教师小结，离开场地。	3分钟	集体

游 戏 图 解

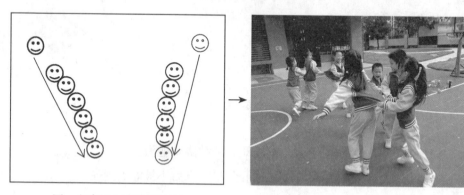

图一老鹰捉小鸡传统玩法

图二：老鹰捉小鸡创新玩法

幼儿：☺　　　　篮球：●　　　　拿着篮球的幼儿：☺●

平衡顶（报纸球）

设计意图

民间体育游戏"平衡顶"传统的玩法是：幼儿将筛子顶在头上慢慢移动脚步保持筛子不掉下来。在一次户外活动中，我们发现孩子很喜欢把报纸球放在头上玩，报纸球是孩子们熟悉并且经常玩的自制玩具，在平时的活动中，我发现孩子们已经掌握了一些报纸球的玩法，例如：向上抛报纸球、扔报纸球、夹报纸球跳等。为了充分发掘报纸球的多种玩法，提高孩子的团队合作能力，激发孩子们玩报纸球的兴趣，提高孩子的平衡能力及慢步走的控制能力，结合民间体育游戏《平衡顶》，我设计了这节体育活动。本游戏的创新点在于在传统玩法的基础上，教师加入滚球延伸了这个游戏，同时也是利用游戏达到幼儿学习滚球的目的，不再是枯燥的学习各种技能技巧。

活动目标

1. 提高幼儿身体运动的平衡和稳定能力。
2. 通过头顶报纸球的游戏，发展幼儿慢步走的控制能力。
3. 激发幼儿参与体育活动的兴趣，体验游戏的乐趣。

活动准备

1. 报纸球、筛子、雪糕桶。
2. 音乐。
3. 宽阔无障碍的场地。

活动重难点

1. 发展幼儿慢步走的控制能力。
2. 提高幼儿身体的平衡能力。

活动过程

环节	活动内容与过程安排	时间	形式
准备部分	1. 幼儿在音乐伴奏下做准备动作。 2. 带领幼儿快跑、慢跑做热身运动。	4分钟	集体
教学与练习部分	1. 出示竹筛子，导入游戏。 教师：老师这里有一些竹筛子，小朋友想想怎么样用这些竹筛子来锻炼身体。 2. 幼儿自由玩竹筛子，自由探索各种玩法。 幼儿分散在场地上用竹筛子做各种锻炼身体的方法，教师巡回指导。 3. 集中幼儿，向幼儿进行头顶筛子技能示范和讲解，要求全班幼儿自由练习头顶筛子，教师观察幼儿的能力和水平。 4. 请个别能力弱的幼儿示范，请幼儿找找顶不稳的原因。	8分钟	集体与个别相结合
	1. 幼儿再次练习"平衡顶"，教师巡回指导。 2. 幼儿分小组比赛《顶球》。 （1）教师交代游戏规则：先顶球从起点到达中线，在中线的位置把球拿下来，用滚球的方法把球滚进球门。 （2）幼儿分组进行《顶球》游戏。 3. 比赛重复进行2次。	10分钟	集体与分组相结合
结束部分	1. 在教师带领下随音乐做放松动作。 2. 教师小结，离开场地。	3分钟	集体

游戏图解

图一：平衡顶传统玩法

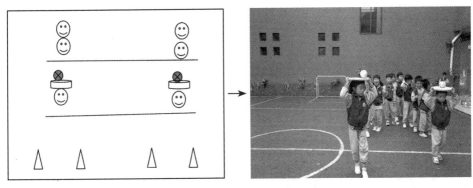

图二：平衡顶创新玩法

幼儿： 😊   筛子： ▭   报纸球： ⊗   起点： ——

雪糕桶（球门）： △

 地雷爆炸（篮球）

设计意图

地雷爆炸是我们小时候经常玩的一个游戏，它不需要任何器械，也不受场地的限制，幼儿玩起来比较方便，而且能发展幼儿的敏捷性和弹跳能力，结合篮球玩这个民间传统游戏，不但能训练幼儿奔跑、躲闪的动作，还能提高拍球及运球技巧。

活动目标

1.训练幼儿奔跑、躲闪的动作，提高幼儿身体的灵活性。

2.培养幼儿自我保护意识。

活动准备

音乐、篮球。

活动重难点

1. 幼儿对游戏规则的理解和游戏行动。
2. 幼儿边拍球边躲闪的动作。

活动过程

环节	活动内容与过程安排	时间	形式
准备部分	1. 教师带领幼儿成一路纵队进入场地，走、跑交替运动热身。 2. 儿化运动做准备动作操。	4分钟	集体
教学与练习部分	1. 新授游戏：地雷爆炸。 教师：今天我们来玩一个地雷爆炸的游戏，请几名小朋友出来示范玩一次。 2. 教师边示范边讲解游戏玩法。 教师：小朋友先选出一位做追逐者，其他的小朋友当逃跑者，逃跑者在圈内四散跑，追逐者只要捉到一个人就为胜利，逃跑者保护自己的办法就是，快被捉住时，可以立即蹲下说"地雷"，追逐者就必须停止追他，另找目标追逐。而"地雷"只能原地不动地蹲着，被捉住者为第二轮游戏的追逐者。 3. 幼儿分组游戏1～2次。	8分钟	集体与个别相结合
	1. 幼儿边行进间运球，边玩地雷爆炸游戏。 教师：我们已经学会玩地雷爆炸的游戏了，现在要挑战更难的，我们要一边拍球一边玩地雷爆炸，追逐者拍着球去追逃跑者，逃跑者在说"地雷"的时候，就抱着球蹲着不动，等其他人来拍一下，并喊"爆炸"，才能被解救，然后继续做逃跑者。 2. 将幼儿分成四个小组进行游戏，教师巡回指导。	10分钟	集体与分组相结合
结束部分	1. 放松运动。 2. 小结，结束活动。	3分钟	集体

游戏图解

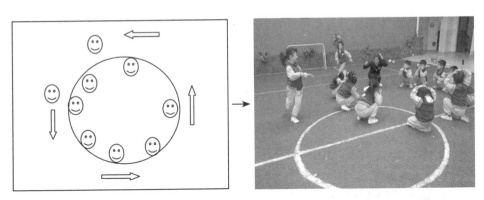

图一：地雷爆炸传统玩法

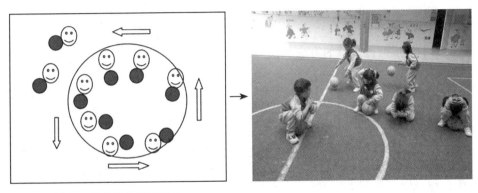

图二：地雷爆炸创新玩法

幼儿：☺   篮球：●   拿着篮球的幼儿：☺●

飞箭投壶（报纸球）

设计意图

民间体育游戏"飞箭投壶"是古人宴会时礼节性的游戏，游戏时设特制之壶，宾主依次投矢其中，中多者为胜，负者饮。古为今用，为了练习幼儿正确的手臂投掷动作，发展幼儿目测距离的判断能力，我们把《飞箭投壶》融入体育游戏中，用报纸球代替了飞箭，让幼儿更好地学习投掷的方法和技巧。

活动目标

1. 提高幼儿手臂投掷动作的灵活性和协调性。
2. 发展幼儿目测距离的判断能力。
3. 练习控制手臂力度，学习投掷报纸球的方法和技巧。

活动准备

1. 沙包、报纸球、筛子、大箱子。
2. 音乐。
3. 宽阔无障碍的场地。

活动重难点

1. 学习投掷报纸球的方法和技巧。
2. 目测距离的判断能力。

活动过程

环节	活动内容与过程安排	时间	形式
准备部分	1. 幼儿律动做热身动作。 2. 幼儿练习开花走热身。	4分钟	集体
教学与练习部分	1. 谈话导入，激发兴趣。 教师：小朋友，在古时候聚会的时候人们都喜欢玩一种叫飞箭投壶的游戏，你们知道飞箭投壶怎么玩吗？（简单讲述飞箭投壶的由来） 2. 出示报纸球，教师讲解游戏玩法。 教师：今天，我们也来玩飞箭投壶的游戏，我们拿着报纸球站在蓝色线外，瞄准我们的壶，然后用力将报纸球投到壶内，比一比谁能够投中。 3. 请两名幼儿示范游戏玩法。 教师：小朋友手拿"飞箭"站立，与目标保持一定距离后瞄准，将飞箭投入前面的壶里。 4. 幼儿自由玩飞箭投壶的游戏，教师巡回指导。 教师：现在每个小朋友自己拿一个手球当"飞箭"，然后站在蓝色线上，对着我们的纸壶练习投壶。	8分钟	集体与个别相结合

续表

环节	活动内容与过程安排	时间	形式
教学与练习部分	5.幼儿分组进行比赛。 （1）教师交代比赛规则。 （2）请2名幼儿示范投壶比赛。 （3）幼儿分组进行投壶比赛。	10分钟	集体与分组相结合
结束部分	1.在教师带领下随音乐做放松动作。 2.教师对此次活动进行简单小结。	3分钟	集体

游戏图解

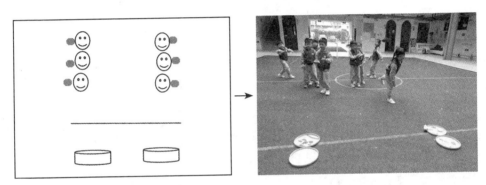

图一 飞箭投壶传统玩法

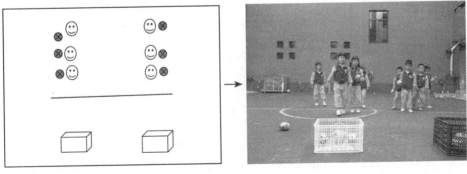

图二 飞箭投壶创新玩法

幼儿：☺　报纸球：⊗　大箱子：▭　沙包：●　筛子：▱

打尾巴咯（手球）

设计意图

课题开展已经有一段时间了，经过锻炼，孩子们各项技能技巧以及动作的发展已经有了很大的提升，为了提高幼儿躲闪能力，促进幼儿身体平衡能力的发展，我设计了《打尾巴咯》活动，同时也期望通过游戏促进幼儿之间合作能力的发展。"打尾巴"传统的玩法是孩子用沙包来打最后一个孩子"尾巴"，我们采用替换材料法，把沙包换成了手球，锻炼幼儿躲闪和跑步的能力。

活动目标

1.提高幼儿上肢的投掷力量和投掷精确度。

2.锻炼幼儿的快速躲闪能力和停跑能力，促进身体平衡能力的发展。

3.促进幼儿之间合作能力的发展。

活动准备

1.音乐、手球、沙包。

2.宽阔无障碍的场地。

活动重难点

1.幼儿上肢的投掷力量和投掷精确度。

2.锻炼幼儿的快速躲闪能力和停跑能力。

活动过程

环节	活动内容与过程安排	时间	形式
准备部分	1.教师带领幼儿成一路纵队进入场地，走、跑交替运动，提醒幼儿注意速度和相互避让。 2.教师在场地中央，幼儿分散在场地，师生一起做准备动作操。	4分钟	集体

环节	活动内容与过程安排	时间	形式
教学与练习部分	1. 小游戏：什么东西出来了。 教师：出来了，出来了。（什么东西出来了？）小尾巴出来了，小尾巴出来我们要玩打尾巴的游戏。 2. 教师讲解游戏玩法，同时请几名幼儿示范游戏玩法。 教师：老师当投掷手，小朋友拉着衣服排成一纵排，排在前面的小朋友当"盾牌"，其余小朋友抓住前面小朋友的衣服不能松手。老师会左右跑动用这个手球击打最后一名小朋友，被打中的小朋友就要下场休息，老师作为投掷手要依次击中全部的小朋友。 3. 教师带领幼儿示范玩"打尾巴"的游戏。 4. 幼儿分组练习玩游戏。	8分钟	集体与个别相结合
	创编游戏："打尾巴咯"。 教师：我们已经学会了"打尾巴"的传统玩法，这次我们要加深难度，把球放在前面一个小朋友的衣袋里，在玩游戏的时候，不仅要保护自己还要保护球不能掉下来。	10分钟	集体与分组相结合
结束部分	1. 教师带领幼儿在场地中进行转头、甩手臂、抖双腿等放松动作。 2. 教师进行活动讲评，师幼离开场地。	3分钟	集体

游戏图解

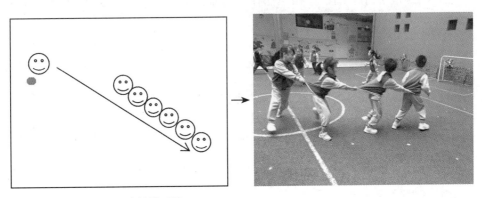

图一：打尾巴咯传统玩法

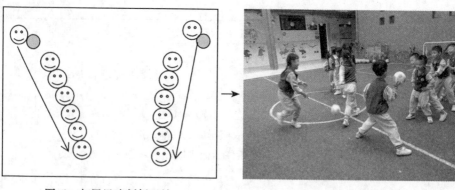

图二：打尾巴咯创新玩法

幼儿：　　手球：●　　沙包：●　　拿着手球的幼儿：

套圈（保龄球）

设计意图

套圈是一个比较传统的民间体育游戏，起源于民间，传统的玩法是手持竹圈向前投掷并套住前面的物品。此游戏保留至今，也深受广大人民的喜欢。在过新年的时候大街小巷还可见套圈游戏。我们用保龄球替换了古代的沙瓶，并把竹圈换成了呼啦圈，让孩子们在玩游戏的同时发展幼儿准确地投掷的瞄准力。

活动目标

1. 提高幼儿手臂动作的灵活性和协调性。
2. 发展幼儿准确投掷的瞄准力。

活动准备

1. 呼啦圈。
2. 保龄球。
3. 雪糕筒。

活动重难点

1. 提高幼儿手臂动作的灵活性和协调性。

2. 幼儿准确投掷的瞄准力。

活动过程

环节	活动内容与过程安排	时间	形式
准备部分	1. 教师带领幼儿一路纵队跑进场地，成四路纵队集合。 2. 幼儿在《小动物做早操》音乐伴奏中做热身动作。	4分钟	集体
教学与练习部分	1. 谈话引入活动。 教师：小朋友有没有玩过套圈游戏？ 2. 请玩过套圈游戏的孩子讲讲是怎样玩的。 3. 幼儿示范。 4. 教师讲解游戏玩法。 教师：小朋友拿着呼啦圈站在线后面，将雪糕筒摆放在地面，小朋友把呼啦圈朝雪糕筒投掷并用呼啦圈套住雪糕筒。 5. 幼儿自由探索尝试玩套圈游戏。	8分钟	集体与个别相结合
	1. 创新玩套圈游戏 教师：我们除了可以套中雪糕筒，还可以用来套保龄球，两组进行PK，看看哪一组套中的球最多就获胜。 2. 幼儿游戏，教师指导。	10分钟	集体与分组相结合
结束部分	1. 放松运动。 2. 小结，结束活动。	3分钟	集体

游戏图解

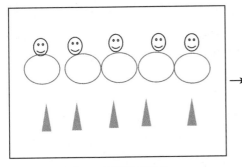

图一：套圈传统玩法

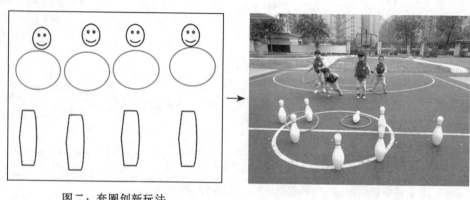

图二：套圈创新玩法

幼儿：☺️   雪糕筒：▲   呼啦圈：⬭   保龄球瓶：⬭

贴药膏（篮球）

设计意图

传统的民间体育游戏"贴药膏"的玩法："医生"追赶"膏药"，"膏药"快速跑到某组幼儿的身后并用手拍该组前一位幼儿，被拍幼儿变成"药膏"立刻逃跑，若"药膏"被"医生"抓住，两人互换角色，继续游戏。

本游戏的创新点在于在传统玩法的基础上，教师加入拍球追逐跑延伸了这个游戏，同时也是利用游戏达到幼儿学习行进间运球的目的，不再是枯燥地学习各种技能技巧，孩子们玩得更兴奋。

活动目标

1. 锻炼幼儿带篮球追逐跑和躲闪跑的能力。

2. 提高幼儿运动的反应速度。

3. 让幼儿体验游戏的乐趣并喜欢集体游戏。

活动准备

1. 篮球人手1个。

2.音乐和录音机。

3.宽阔无障碍的场地。

活动重难点

1.锻炼幼儿追逐跑和躲闪跑的能力。

2.带球追逐跑和躲闪跑。

活动过程

环节	活动内容与过程安排	时间	形式
准备部分	1.幼儿在音乐伴随下拿着篮球做准备运动。 2.练习开花走，绕场交替慢跑—快跑。	4分钟	集体
教学与练习部分	1.介绍游戏名称直接导入活动。 教师：今天我们来玩有一个游戏，游戏的名称叫"贴药膏"，小朋友知道怎么玩吗？ 2.介绍游戏玩法及规则。 选两名幼儿，一名为"膏药"，一名为"医生"，其他幼儿每两名为一组，前后贴紧站立。游戏开始后，"医生"追赶"膏药"，"膏药"快速跑到某组幼儿的身后并用手拍该组前一位幼儿，被拍幼儿变成"药膏"立刻逃跑，若"药膏"被"医生"抓住，两人互换角色， 3.请7名幼儿示范玩一次游戏。	8分钟	集体与个别相结合
	1.幼儿集体玩游戏《贴药膏》。 2.创新玩游戏《贴药膏》。 游戏规则：结合篮球玩贴药膏游戏，要求幼儿当"药膏"站到自己小队伍的前面时，站在前面的孩子需边拍球边快速跑开，不要让"医生"捉到。 3.幼儿分两组集体练习贴药膏。 4.教师巡回观察指导幼儿，给幼儿及时鼓励。	10分钟	集体与分组相结合
结束部分	1.在教师带领下随音乐做放松动作。 2.互相交流分享各自发现的新玩法。	4分钟	集体

游戏图解

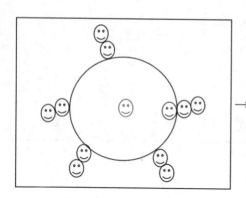

图一：贴药膏传统玩法

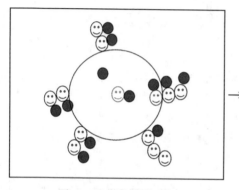 

图二：贴药膏创新玩法

幼儿：☺　　扮演药膏的幼儿：☺　　扮演医生的幼儿：☺

篮球：●　　拿着篮球的幼儿：☺●

不倒翁（篮球）

设计意图

"不倒翁"要求两人一组面对面手拉手，一名幼儿平躺于地面，另一名幼儿坐于地面，两人双脚脚板对立蹬紧，依靠脚的蹬力和腰的伸张力将身体拉起来。在课题实验过程中我们发现，班上大部分孩子的平衡能力还是比较弱的，因而我本着从幼儿的兴趣点出发，发展幼儿的身体平衡能力及协调性，培养孩子勇于挑战，敢于探索，集体合作的精神，体验成功的快乐，针对我班幼儿的年龄特点及身体发展需要开展了此次活动。

活动目标

1. 发展幼儿腿部、腰部和手臂动作的协调能力。
2. 培养幼儿的合作意识。
3. 增强长时间用脚蹬和腿部伸直的耐力。

活动准备

音乐、篮球。

活动重难点

1. 幼儿对游戏规则的理解和游戏行动。
2. 双脚伸直，腰部出力，把躺着的幼儿拉起来。

活动过程

环节	活动内容与过程安排	时间	形式
准备部分	1. 教师带领幼儿一路纵队跑进场地，成四路纵队集合。 2. 幼儿在《不倒翁》音乐伴奏中做热身动作。	4分钟	集体
教学与练习部分	1. 谈话引入活动。 教师：小朋友有没有玩过不倒翁啊？不倒翁是怎样的？ 2. 教师与配班老师示范并讲解不倒翁游戏玩法。 教师：两人一组面对面手拉手，坐在地面上，脚板对立蹬紧，左右脚互相交替做来回屈伸动作，跟着节奏边听儿歌边做游戏，当躺下的幼儿被拉起来时，另一名幼儿躺下，交替进行。 3. 请个别能力强的幼儿示范。 教师：谁先来试试？ 4. 幼儿分散自由练习，教师巡回指导。	8分钟	集体与个别相结合

续 表

环节	活动内容与过程安排	时间	形式
教学与练习部分	1.创新玩不倒翁游戏。 教师：我们都学会了玩不倒翁的游戏，现在我们要增大难度，在小朋友的腿上放一个篮球，你们在玩不倒翁游戏的时候还要保护这个球不能掉下来。 2.幼儿游戏，教师指导。	10分钟	集体与分组相结合
结束部分	1.放松运动。 2.小结，结束活动。	3分钟	集体

游戏图解

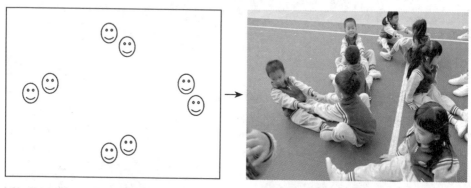

图一：不倒翁传统玩法

图二：不倒翁创新玩法

幼儿： 　　　篮球： 　　　腿上放篮球的幼儿：

抛抛乐（手球）

设计意图

"抛抛乐"来源于民间体育游戏"弹力球"，传统的玩法是幼儿双手抓住布条向上将海绵球抛出，同时移动位置接住掉下来的海绵球。我们在组织幼儿进行球类游戏中，常常看到孩子喜欢把球往空中抛着来玩，但由于幼儿抛接球的方法不当，安全意识不强，常会发生球砸到自己或同伴的事，为了满足孩子抛接球的意愿，我设计了这个《抛抛乐》游戏，让孩子尽情玩，还能培养幼儿的合作意识。

活动目标

1. 锻炼幼儿抛接能力，促进手臂肌肉的发育。
2. 培养幼儿的合作意识，提高社会交往能力。

活动准备

1. 筛子。
2. 沙包。
3. 手球。

活动重难点

1. 幼儿对游戏规则的理解和游戏行动。
2. 能移动位置正确接住掉下来的手球。

活动过程

环节	活动内容与过程安排	时间	形式
准备部分	1. 幼儿在音乐伴奏下做准备动作。 2. 带领幼儿绕场跑做热身运动。 3. 队形练习。	4分钟	集体

续 表

环节	活动内容与过程安排	时间	形式
教学与练习部分	1. 幼儿手拿筛子和沙包，自由探索。 教师：老师这里有一些筛子，还有一些沙包，小朋友动脑筋想一想，怎样用筛子和沙包来锻炼身体呢？ 2. 集中幼儿，要求孩子两两合作，用筛子和沙包来锻炼身体。 教师：刚才小朋友是一个人在玩的，现在能不能找个好朋友两个人分别拿着不同的器械一起合作锻炼身体呢？ 3. 请孩子示范，是怎样玩的。 教师：现在，老师请一些小朋友出来，让他们告诉大家，他们是怎样玩筛子和沙包的。 4. 幼儿自由组合分散练习玩沙包，教师巡回指导。	8分钟	集体与个别相结合
	用手球替换沙包进行游戏。 教师：我们分成两组小朋友进行PK赛，看看哪一组抛接的次数最多就获胜。	10分钟	集体与分组相结合
结束部分	1. 放松运动。 2. 小结，结束活动。	3分钟	集体

游 戏 图 解

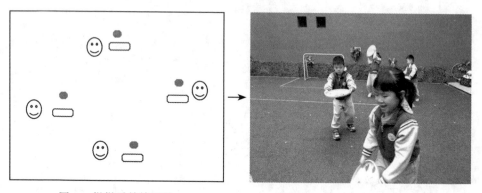

图一：抛抛乐传统玩法

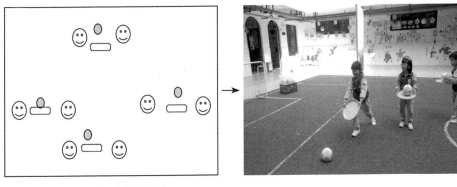

图二：抛抛乐创新玩法

| 幼儿： | ☺ | 沙包： | ⬣ | 筛子： | ▭ | 手球： | ◯ |

夹包（报纸球）

设计意图

我们班的孩子对球类活动特别感兴趣，但大多数都选择踢、扔、抛等。传统的夹包游戏，只是让孩子夹着沙包跳，在游戏创新环节，我设计了《夹包》游戏，让每个孩子在用报纸球进行动作练习和身体锻炼中获得运动技能，感受游戏的快乐，培养良好的身体素质。

活动目标

1. 掌握用双脚夹住报纸球进行向前跳的动作技能。
2. 发展动作的协调性、灵敏性。
3. 培养积极参与体育活动并体验运动乐趣。

活动准备

1. 彩色报纸球、沙包人手1个。
2. 大灰狼头饰1个、鸡窝（大筐子）。
3. 音乐（《我的身体最神气》《加油歌》）。

活动重难点

1. 幼儿对游戏规则的理解和游戏行动。

2. 用双脚夹住报纸球进行向前跳。

活动过程

环节	活动内容与过程安排	时间	形式
准备部分	1. 跟随音乐做热身运动（头颈、上肢、肩膀、腰腹、膝盖、脚踝） 2. 快慢交替跑进行热身。	4分钟	集体
教学与练习部分	1. 教师：小朋友们，今天我们来扮演小白兔，并且要去完成一个任务！小兔子是怎样走的？（蹦蹦跳跳）鸡妈妈生了好多好多鸡蛋，它请我们小白兔来帮忙，把鸡蛋运回到它家里！小兔子们知道怎样运回去吗？我们先来学会本领！ 2. 先请幼儿进行示范（夹球往前跳）。 3. 教师与幼儿一起来练习夹球往前跳的动作。发现问题及时提出。	8分钟	集体与个别相结合
	1. 增加障碍物，加强难度：我们去鸡妈妈的家需要经过一些小山，小兔子们要保护好蛋，夹好向前跳过去。 2. 再次练习，加上情境游戏：刚刚我听鸡妈妈说呀，这山林里有一只大灰狼，我们在运蛋的路上，可要小心哦！遇到大灰狼，我们要夹紧蛋，蹲下来保护好它，不出声，大灰狼就不会发现我们了！ 3. 教师对活动进行小结，表扬小兔们的表现。 4. 教师巡回观察指导幼儿，给幼儿及时鼓励。	10分钟	集体与分组相结合
结束部分	1. 教师带领幼儿进行"小雪人融化"的肢体意念放松活动。从头颈—手臂—腰部—大腿—小腿进行放松。 教师："小雪人和太阳"幼儿做小雪人，老师太阳，幼儿做"小雪人融化"的肢体放松活动。 2. 教师对此次活动进行简单点评后退场。	3分钟	集体

游戏图解

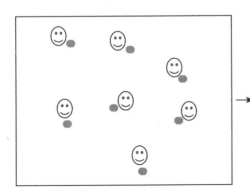 

图一：夹包传统玩法

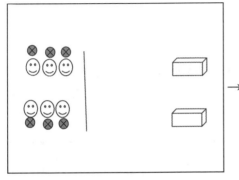 

图二：夹包创新玩法

幼儿：☺　　　沙包：● 　　　报纸球：⊗ 　　　大筐子：▱

夹着报纸球的幼儿：☺⊗

切西瓜（篮球）

设计意图

　　这个活动是一个传统民间体育游戏，孩子们都非常熟悉，也很喜欢玩。游戏的基本玩法是：幼儿手拉手成一个大圆，一名幼儿当"切西瓜手"用手臂快速砍断幼儿拉手的位置，被切开的两个人则退出游戏。为了训练幼儿的反应能力，培养幼儿的合作意识，我设计了《切西瓜》活动，通过游戏锻炼幼儿的反应能力和判断能力，要求被切开的两个人马上互相追逐，进而发展幼儿的身体平衡能力，并根据球声判断方向抓捕其他人。

活动目标

1. 训练幼儿的反应能力。
2. 培养幼儿的合作意识和夹着球去互相追逐，增强腿部力量的锻炼。

活动准备

音乐、篮球。

活动重难点

1. 幼儿对游戏规则的理解和游戏行动。
2. 被切开的两个人要夹着球去互相追逐，增强腿部力量的锻炼。

活动过程

环节	活动内容与过程安排	时间	形式
准备部分	1. 教师带领幼儿成一路纵队进入场地，进行走、跑交替运动。 2. 幼儿分散在场地中间，师生一起做准备活动。	4分钟	集体
教学与练习部分	1. 和幼儿简单谈论植物与水果，进行本课游戏。 教师：刚才我们做的模仿操里都讲到了哪些植物？引出本节课所要玩的游戏名称。 2. 引导孩子了解游戏规则，学习玩游戏。 教师交代游戏规则：今天我们玩一个叫"切西瓜"的游戏。小朋友围成一个大圆圈，请一个小朋友当切西瓜的人，边念儿歌边在幼儿挽起的两手中做切的样子，大家一起念"切西瓜，切西瓜，切了一个大西瓜，我把西瓜切两半"，当念到"半"字时，切西瓜的人把相邻两个小朋友的手"切开"，然后这两个小朋友迅速围着圆圈的外围向相反方向跑，沿着圆圈跑一圈回来后，谁先占住刚才的位置，谁为胜。赢的那个小朋友和切西瓜的人交换，游戏重新开始。 3. 在教师的指导下，请部分小朋友示范玩一次游戏。 4. 幼儿集体游戏2次。	8分钟	集体与个别相结合

环节	活动内容与过程安排	时间	形式
教学与练习部分	5.创新分组进行游戏。 教师：现在我们加深难度，被切开的西瓜的两个人要夹着球迅速围着圆圈的外围向相反方向跑，沿着圆圈跑一圈回来后，谁先占住刚才的位置，谁为胜。	10分钟	集体与分组相结合
结束部分	1.放松运动。 2.小结，结束活动。	3分钟	集体

游 戏 图 解

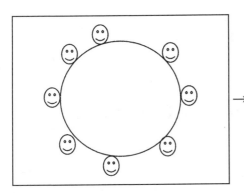

图一：切西瓜传统玩法

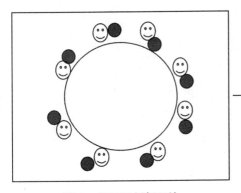

图二：切西瓜创新玩法

幼儿：☺　　　　篮球：●　　　　夹着篮球的幼儿：

抢椅子（篮球）

设计意图

本班孩子由于年龄的原因，他们在玩球方面的技巧还有待提高和完善，力量和动作协调性方面也有所欠缺。因此，针对这种情况，本人设计了本次活动，在"狼来啦"的情景中结合《抢椅子》的民间游戏，来提高他们手和眼的协调能力和快速反应能力。"抢椅子"的传统玩法是孩子们围成一个圆圈听音乐走动，音乐停止则坐在椅子上，谁没有抢到椅子就退出游戏。在创编游戏时，我用呼啦圈替换了椅子，让孩子练习行进间拍球时听到狼来了的音乐马上回家占圈站好，曾设了游戏情节，孩子们更感兴趣。

活动目标

1. 练习单手行进间运球，提高手眼的协调能力和快速反应能力。
2. 体验游戏带来的乐趣。

活动准备

1. 人手1个篮球、纸圈。
2. 老狼头饰1个。
3. 音乐：热身运动音乐、放松运动音乐、《小兔和狼》的音乐。

活动重难点

1. 幼儿对游戏规则的理解和游戏行动。
2. 练习单手行进间运球，提高手眼的协调能力和快速的反应能力。

活动过程

环节	活动内容与过程安排	时间	形式
准备部分	1. 入场，并整理好队伍。 2. 准备运动：动物模仿操。	4分钟	集体

环节	活动内容与过程安排	时间	形式
教学与练习部分	1. 复习单手原地拍球。 教师：小朋友，刚才我们做的热身运动中有一种小动物是长耳朵，走路蹦蹦跳跳的，你们知道是什么小动物吗？今天，老师就当兔妈妈，你们当小白兔，我们来和球宝宝一起玩吧。（幼儿原地拍球） 2. 学习行进间运球。 教师：孩子们原地拍球真棒，那你们可以一边拍球一边往前走吗？ （1）教师讲解方法并示范：边弯腰拍球边向前走，要控制好速度和高度，球掉了要马上捡回来继续往前拍。 （2）请几名幼儿示范。 （3）幼儿集体练习行进间运球2～3次，教师巡回观察并指导。	8分钟	集体与个别相结合
	游戏：《狼来啦》。 （1）教师交代游戏名称，讲解玩法，并示范。 游戏开始，教师会放一段音乐，幼儿听到活泼欢快的音乐时，就在场地的四周进行行进间拍球，当听到一段特别恐怖的音乐时，幼儿就抱球站在纸圈里，不让老狼捉到。 （2）请几名幼儿示范一次，再次强调游戏玩法。 （3）第一次游戏：地上放与幼儿同样多的纸圈，使每个幼儿都能回到自己的"家"。 （4）第二次游戏：拿走3个纸圈，使那些幼儿回不了"家"而被狼捉住，当老狼睡着以后，同伴就一起把他们救回来，继续游戏。 （5）第三次游戏：拿走5个纸圈，使那几名幼儿回不了"家"而又被狼捉住，玩法同上。 （6）第四次游戏：全部纸圈放上，让幼儿都能回到"家"，老狼捉不到幼儿，走了。	10分钟	集体与分组相结合
结束部分	1. 老师小结游戏情况，表扬部分反应快的孩子。 2. 放松运动：随音乐做放松运动。	3分钟	集体

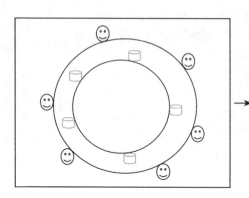

图一：抢椅子传统玩法

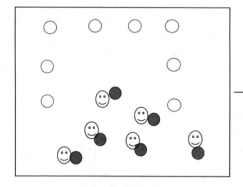

图二：抢椅子创新玩法

幼儿：☺　　　椅子：⬭　　　纸圈：◯　　　篮球：●

拿着篮球的幼儿：☺●

 拉大锯（足球）

设计意图

这个民间游戏是以两人一组的形式进行的，幼儿自己选择玩伴进行游戏。因为对于中班幼儿来说，已经具备了这种与个别幼儿独自交往的能力，同时他们也喜欢与自己的好朋友一同游戏。而且这个游戏在民间已经流传了很久，几乎是家喻户晓，在户外或在室内，在任何时间都可以进行，所以幼儿在幼儿园可以和小朋友玩，回到家后对于忙于工作的家长来说也是一个很好的亲子游戏。本游戏的创新点是让幼儿学会玩"拉大锯"游戏以后进行分组竞赛，同时进行控球训练。

活动目标

1. 积极尝试运球、控球的动作。
2. 锻炼幼儿肢体的灵活性和协调性。
3. 能够听懂并遵守简单的游戏规则，在游戏中幼儿间能够友好地合作。

活动准备

音乐、足球球门。

活动重难点

1. 锻炼幼儿肢体的灵活性和协调性。
2. 能自如地用脚控球到达终点。

活动过程

环节	活动内容与过程安排	时间	形式
准备部分	1. 教师带领幼儿成一路纵队进入场地，走、跑交替运动，做准备动作操。 2. 引导幼儿理解并学习游戏中的儿歌。	4分钟	集体
教学与练习部分	1. 教师请幼儿给儿歌配上动作，请幼儿尝试玩游戏。 教师：我们学了一首拉大锯的儿歌，你们能用动作来表示吗？ 2. 教师边示范边讲解游戏玩法。 教师：我们玩拉大锯游戏应该注意什么呢？ 3. 师生共同归纳游戏玩法。 教师：游戏时，两个人面对面，手拉手，随着儿歌做拉锯的动作，两名好朋友要动作的方向和速度一样。 4. 幼儿分组练习玩游戏，教师巡回指导。	8分钟	集体与个别相结合

环节	活动内容与过程安排	时间	形式
教学与练习部分	游戏：拉大锯运球。 （1）教师讲解游戏玩法。 教师：我们来玩拉大锯运球的游戏，两个小朋友为一组，在听到老师的哨子声后，先读儿歌玩一次拉大锯游戏，然后每个小朋友用脚控球，把足球踢到对面球门，看哪一组最快完成。 （2）幼儿分组玩拉大锯运球游戏。	10分钟	集体与分组相结合
结束部分	1.放松运动。 2.小结，结束活动。	3分钟	集体

游戏图解

图一：拉大锯传统玩法

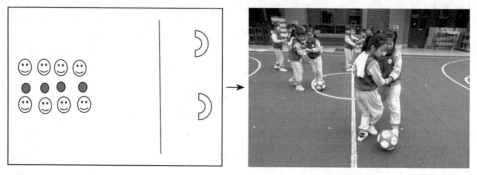

图二：拉大锯创新玩法

幼儿：☺　　　足球：● 　　　球门：⊃

老鹰偷蛋（手球）

设计意图

"老鹰偷蛋"从民间体育游戏"抓小鱼"中演变而来，其玩法是幼儿手拉手成一个大圆圈，他们自由在圈里练习钻跑的动作。在日常教学活动中，发现我班幼儿的游戏规则意识不强，要让他们一个一个按照规则进行游戏还比较困难，因而，我便设计了这个易学易懂、幼儿感兴趣的游戏来培养他们的规则意识及提高幼儿动作的灵活性和协调性。

活动目标

1. 通过抢球锻炼幼儿的灵活性和协调性。
2. 训练幼儿钻的动作，提高幼儿动作的敏捷性。
3. 体验合作完成游戏的乐趣。

活动准备

音乐、手球。

活动重难点

1. 训练幼儿钻的动作，提高幼儿动作的敏捷性。
2. 用脚把球拨出来又不被母鸡发现。

活动过程

环节	活动内容与过程安排	时间	形式
准备部分	1. 带领幼儿复习老鹰捉小鸡的游戏，激发幼儿的游戏愿望。 2. 复习儿歌《老鹰偷蛋》。	4分钟	集体

玩转**球类**，玩出**童趣**

环节	活动内容与过程安排	时间	形式
教学与练习部分	1. 教师介绍游戏玩法。 教师：今天我们来玩老鹰偷蛋的游戏，老师请一些小朋友扮演母鸡蹲在鸡窝里看着"蛋"，不能站起来走动，只能用身体躲闪着保护蛋不被抢走。老鹰要用脚把蛋拨出鸡窝外面，才能够捡起来，老鹰不能被母鸡的手拍打到。 2. 交代游戏规则。 教师：大家说完最后一句儿歌以后，老鹰才可以偷蛋，要先用脚把蛋拨出来才能用手拿。老鹰被母鸡拍到后，要停止游戏。 3. 请若干幼儿示范玩游戏。 教师：游戏开始时，大家一起说儿歌，当说完最后一句，老鹰即可开始偷蛋。	8分钟	集体与个别相结合
	1. 幼儿分组分散自由练习，教师巡回指导。 2. 游戏进行2~3次，交换母鸡和老鹰角色。	10分钟	集体与分组相结合
结束部分	1. 放松运动。 2. 小结，结束活动。	3分钟	集体

游 戏 图 解

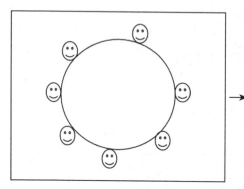

图一：老鹰偷蛋传统玩法

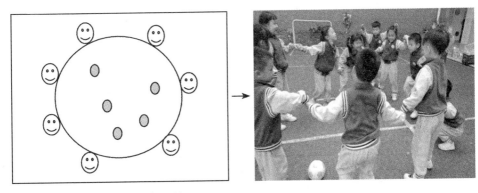

图二：老鹰偷蛋创新玩法

幼儿： ☺	手球： ◯

 夹粽子（*海绵球*）

设计意图

"夹粽子"传统游戏，要求幼儿用筷子夹起小球，锻炼幼儿小手肌肉的力量。本游戏的创新点在于在传统玩法的基础上，针对中班孩子的年龄特点，教师加入了小组竞赛的形式，培养幼儿更强的游戏规则和竞争意识，在游戏中锻炼发展幼儿小手肌肉。

活动目标

1. 发展幼儿手的灵活性和巧用手劲的能力。
2. 培养幼儿间相互合作的能力。
3. 体会民间游戏的无限乐趣，发展幼儿的创造力。

活动准备

音乐、海绵球、箱（筐）子、万能工匠搭成的小跨栏、筷子。

活动重难点

1. 学习用筷子夹物，发展幼儿手的灵活性和巧用手劲的能力。

2. 幼儿跨跳以后能迅速平稳夹起海绵球。

活动过程

环节	活动内容与过程安排	时间	形式
准备部分	1. 幼儿在音乐伴奏下做准备动作。 2. 带领幼儿绕场跑做热身运动。	4分钟	集体
教学与练习部分	1. 设置情景，导入活动。 教师：端午节我们包了很多粽子，今天我们来玩夹粽子的游戏。 2. 教师教授新的民间游戏"夹粽子"。 教师：用海绵球当粽子，筷子夹海绵球就是夹粽子，先让幼儿自己练习把海绵球夹进筐内，再把球夹出。 3. 幼儿自由练习，教师巡回指导。 教师总结出经验：要用点力把筷子夹紧一点，粽子就不会掉了。	8分钟	集体与个别相结合
	1. 游戏：送粽子回家。 教师交代要求：跳过小树枝，然后跑到小筐那里，夹起一个粽子，送它回家，跑回队伍，后面的小朋友接力，哪组先送完为胜。 2. 教师完整示范一次。 3. 先让幼儿试练习一次，再让他们进行比赛。 4. 幼儿游戏，教师巡回指导。 5. 小结经验，重复游戏。	10分钟	集体与分组相结合
结束部分	1. 在教师带领下随音乐做放松动作。 2. 教师小结，离开场地。	3分钟	集体

游戏图解

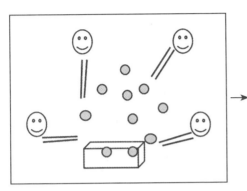

图一：夹粽子传统玩法

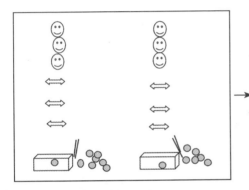

图二：夹粽子创新玩法

幼儿：☺　海绵球：●　筷子：▬▬　筐子：▱　跨栏：⟺

打妖怪（报纸球）

设计意图

我班是《球类活动与民间体育游戏整合的实践与研究》市级课题实验班，经过一个学期的课题研究实施，班上孩子对各种球类活动和民间体育游戏有了一定的认识，孩子们在控球、行进间运球方面都有了很大的提高，在课题组前测中我们发现，本班孩子在平衡能力发展方面是相对比较弱的。平衡能力的训练是一个比较重要的项目，为了发展孩子身体的平衡能力和协调性，我便设计了这节"打妖怪"民间体育游戏活动。

活动目标

1. 能在各种材料建构成的障碍物上行走，练习手眼协调和平衡能力。

2. 努力尝试动手搭建各种小桥练习平衡，培养创新意识。

3. 让幼儿能主动、积极地参与活动，大胆探索，愉快合作。

活动准备

1. 平衡木、大积木。

2. 报纸球、沙包。

3. 妖怪图片。

4. 万能工匠、轮胎。

活动重难点

1. 能在各种材料建构成的障碍物上行走。

2. 能在平衡木上自由行走。

活动过程

环节	活动内容与过程安排	时间	形式
准备部分	1. 儿化做热身运动（头颈、上肢、肩膀、腰腹、膝盖、脚踝）。 2. 小游戏热身：大黄蜂、大老虎偷鞋子（让幼儿练习单脚站立）、大狗熊	4分钟	集体
教学与练习部分	1. 创设游戏情景，导入活动。 教师：今天，老师接到一个任务，我们幼儿园里来了一群妖怪，我们要把妖怪赶跑，妖怪藏在河对岸，我们要先搭桥。 2. 幼儿自由用万能工匠、平衡木、轮胎、大积木建构不同的桥。（每一个小组用一种材料搭建一座小桥） 3. 幼儿练习本领，自由尝试过不同的桥，练习身体平衡能力。 教师：我们的桥已经搭好了，我们一起来练习过桥的本领吧。	8分钟	集体与个别相结合

环节	活动内容与过程安排	时间	形式
教学与练习部分	游戏：打妖怪。 （1）教师导入游戏：我们已经学会了过桥的本领，让我们带上武器去打跑妖怪，保护小动物吧。 （2）游戏玩法：每个幼儿各拿一个报纸球，自由通过各种小桥，来到妖怪区，投掷报纸球，进行玩"打妖怪"的游戏。 （3）游戏进行2～3次。	10分钟	集体与分组相结合
结束部分	1. 放松动作。 2. 小结，收拾场地离场。	3分钟	集体

游 戏 图 解

图一：打妖怪传统玩法

图二：打妖怪创新玩法

幼儿：☺ 沙包：● 报纸球：⊗ 大积木：〰

平衡木：⬭ 轮胎：◎ 万能工匠：⊕ 妖怪：⧖

炸碉堡（报纸球）

设计意图

在日常的运动教学活动中，发现我班幼儿喜欢奔跑，但四肢力量和耐力不足。我设计了《炸碉堡》这一活动，着力于发展幼儿单脚绕障碍跳、与同伴间合作的能力，以及复习匍匐前进的动作。目的是发展他们的身体平衡以及提高其动作的协调性、灵敏性，感受与同伴一起合作完成任务的乐趣并更喜欢参加体育活动。

活动目标

1. 初步掌握单脚连续向前跳的动作要领，增强幼儿的下肢力量与耐力。
2. 巩固练习走平衡木的平衡动作，发展身体平衡和协调能力。
3. 学会遵守纪律、游戏规则，培养幼儿勇于挑战，体验体育游戏的乐趣。

活动准备

1. 沙包、报纸球人手1个。
2. 体操垫。
3. 用来装篮球的箱子4个、用来作碉堡的纸箱2个。

活动重难点

1. 掌握匍匐前进的动作要领。
2. 瞄准目标投掷。

活动过程

环节	活动内容与过程安排	时间	形式
准备部分	1. 队列练习：四队，小圆，并队，开花，分队。 2. 热身运动：解放军耳朵可是很厉害的，反应很敏捷，现在来考考我们的小小解放军厉不厉害！（听口令，跟随节拍的快慢做动作）转手，扭肩膀，扭腰，跳跃。	4分钟	集体

环节	活动内容与过程安排	时间	形式
教学与练习部分	1. 用提问式直入主题。 教师：今天我们来学做勇敢的解放军，把敌方的碉堡炸掉，但是我们要先学会炸碉堡的本领。 2. 教师示范正确的投掷方法。 3. 幼儿自由探索，教师观察。	8分钟	集体与个别相结合
	1. 幼儿练习爬过草地去炸碉堡。 教师：在执行任务时，我们要爬过草地前进到达隐秘区，然后拿起手雷炸掉敌方的碉堡。 2. 加大难度匍匐前进，第二次完成任务，并分四组进行比赛。 3. 游戏：复习游戏"老狼老狼几点了"。	10分钟	集体与分组相结合
结束部分	1. 包饺子（搭好肩膀，切青菜，揉面团，包饺子，下锅啦，煮啦！） 2. 教师小结，收拾器械离开场地。	3分钟	集体

游戏图解

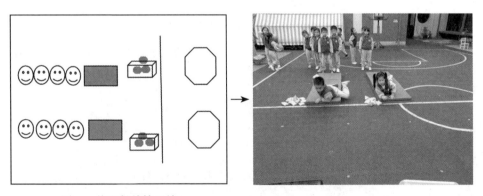

图一：炸碉堡传统玩法

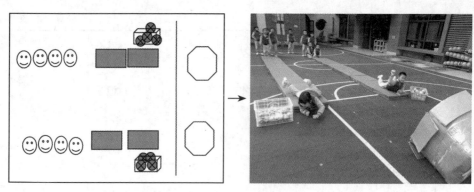

图二：炸碉堡创新玩法

幼儿：☺   体操垫：▬   报纸球：⊗   碉堡：⬡

沙包：⬢   箱子：▱

小蚂蚁搬豆子 (足球)

设计意图

"小蚂蚁搬家"是一个训练幼儿耐力的合作游戏，要求两名幼儿合作，蹲在地面，蜷着身体往前走。在幼儿熟悉了游戏的玩法以后，我们创编了《小蚂蚁搬豆子》的游戏，让幼儿进行运豆子竞赛游戏，激发幼儿参与游戏的兴趣，促进下肢运动的协调性。

活动目标

1. 通过蹲地走训练幼儿的耐力，促进下肢运动的协调性。
2. 培养幼儿合作意识，提高幼儿的社会交往能力。

活动准备

1. 足球、箱子、蚂蚁头饰。
2. 音乐。

活动重难点

1.学习蹲地走动作，促进下肢运动的协调性。

2.两人合作，步伐一致蹲地走。

活动过程

环节	活动内容与过程安排	时间	形式
准备部分	1.听音乐幼儿手搭肩膀学小蚂蚁入场。 2.听音乐做热身运动。	4分钟	集体
教学与练习部分	1.出示蚂蚁头饰，导入游戏。 教师：小朋友，你们认识蚂蚁吗？知道蚂蚁是怎么样走路的吗？（幼儿回答后）现在小朋友自己找一个好朋友，我们来学学小蚂蚁走路。 2.教师讲解游戏规则：幼儿蹲在地面，后一名幼儿双手托放在前一名幼儿的腰上，幼儿按口令"一二一"的节奏一起向前走。 3.幼儿自由练习，教师巡回指导。	8分钟	集体与个别相结合
	游戏：小蚂蚁搬豆子。 （1）请两组幼儿示范玩小蚂蚁搬豆子的游戏。 （2）分组进行竞赛。	10分钟	集体与分组相结合
结束部分	1.播放轻音乐：让幼儿放松身体，引导同伴之间互相合作放松。 2.教师小结，共同收拾器械结束活动。	3分钟	集体

游戏图解

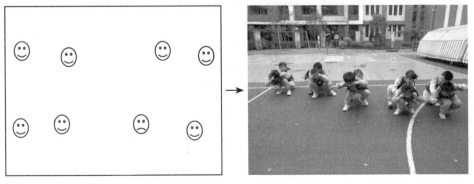

图一：小蚂蚁搬豆子传统玩法

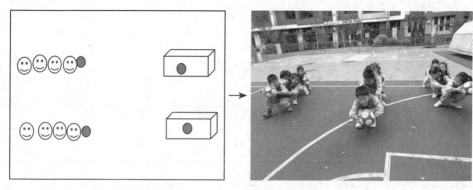

图二：小蚂蚁搬豆子创新玩法

幼儿：☺   足球：●   箱子：▱

大班游戏集

 ## 5~7岁幼儿身心发展特点

5~7岁孩子是学前儿童阶段成长末期的幼儿，他们既处于学前教育的最高阶段，又处于小学教育前的准备阶段。由于生理、心理的快速发展，他们不再满足于追随、服从，而是有了自己的想法和主见；他们活动的自主性、主动性水平明显提高；无论是在自主行动方面，还是在学习生活方面，都有了想脱离成人监管的欲望和行为。教育者应注意，一方面在很多地方适当放手让孩子去做，有时为他们创造适当的条件以培养幼儿独立、自主、自律能力；另一方面家庭、幼儿园、公共场所进行各种活动时必须注意对幼儿安全意识、安全行为、遵守规则、自控能力的内化和养成。

处于此年龄阶段的幼儿，身高、体重的增长较为明显，需要给予营养和锻炼的配合才能使之充分健康成长；器官组织发育日渐完善，活动兴趣愈加广泛，模仿欲望、身体活动的能力都大大增强，但肌肉、心脏、肺脏、骨骼等仍然较为柔弱，不适宜进行成人化、小学化的大运动量练习、竞技训练和比赛。教育者对此年龄阶段的幼儿，应该多给予符合其年龄特点的"故事化、生活化、趣味化"的走、跑、跳、爬、钻、投掷、平衡等动作练习及轻器械的玩耍游戏来锻炼身心。

处于此年龄阶段的幼儿即将进入学龄期，他们的学习和活动欲望日益强烈，但身体骨骼肌肉尚不强健，器官组织的机能尚未成熟，对疾病的免疫能力弱，易患季节性的传染疾病，身体易受伤害。因此，此年龄阶段幼儿的家长和教师在关注幼儿智力开发和才艺学习的同时，要注重养成他们早睡早起、讲究卫生的良好习惯，给予他们充足的户外体育游戏和身体锻炼的机会，保证他们每天能进行1小时以上的体育锻炼，在时间、场地和器材方面，提供必需的准备和机会。通过加强幼儿的体育游戏活动内容和时间来熟练他们的基本动作，培养他们对体育的兴趣，增强他们的运动能力，提高他们的身体素质，进而达到增强体质的目标，为他们步入小学的学习和生活，在身体、意志、情感和智力方面打下坚实的人生健康基础。

5~7岁幼儿体育活动锻炼目标

1. 能在设有各种障碍物的场地上熟练地运用各种动作轻松、自如地进行活动。

2. 能走跑交替300米而不觉疲乏。

3. 能背负一定重量的物体步行2000米的距离。

4. 能用最快的速度跑30米的距离。

5. 会助跑跨跳高（0.4米以上高度）、助跑跨跳远（1米以上距离）。

6. 能一次连续跳绳30次以上。

7. 能熟练地连续在垫子上前滚翻、侧滚翻、侧手翻。

8. 能两臂侧平举闭眼自转（5圈以上）不摔倒；能在宽0.15米、高0.4米的平衡板上自如地行走。

9. 能用单手肩上挥臂的动作将一定重量的物体投向前方（右手距离6米以上）。

10. 能攀爬垂直的爬杆（1.8米以上高度）；能攀爬垂吊式爬绳（8米以上距离）。

11. 能在单杠上握杠悬垂1分钟以上。

12. 能随音乐的节奏合拍、到位、有力地做体操。

13. 走、跑、跳、钻、爬、投掷等动作技能熟练、协调、有力。

14. 各种基本动作转换速度快、敏捷、轻松。

15. 能听、看懂各种哨音、手势，并根据不同的信号迅速做出相应的动作。

16. 乐于和他人合作，站立成多种队形、图形。

17. 在集体性的体育活动中能服从要求，遵守规则。

18. 在体育活动中能体现出自制、勇敢、不怕困难、有自信等好品质。

19. 喜欢和他人一起进行体操、体育游戏、体能锻炼活动。

20. 对某项体育活动（如：跳绳、轮滑、球类、跑步、攀爬等）有特别爱好。

　　附：大班游戏活动安排

民间游戏活动	融入球类
小猪快快跑	篮球
揪尾巴	篮球
老鹰捉小鸡	羊角球、报纸球
老狼老狼几点钟	篮球
拉小车	篮球
神投手	手球
占四角	足球
踩影子	报纸球
两人三足	足球
打雪仗	海洋球
跳房子	报纸球、篮球
石头剪刀布	篮球
抬花轿	藤球
趣味保龄球	保龄球
小青蛙跳荷叶	手球
袋鼠妈妈	篮球
棒棒球	篮球
骑大马	手球
足球小子	足球
投投乐	报纸球
踩高跷	足球
斗鸡	足球
长凳子	篮球
老鼠笼	篮球
好玩的沙包	篮球
跳土坑	海洋球

续 表

民间游戏活动	融入球类
炸碉堡	手球
小伞兵	足球
报纸球	报纸球
战胜大灰狼	手球
拾果果	海洋球、篮球
骑羊	羊角球

小猪快快跑（篮球）

设计意图

幼儿们平时喜欢玩球，但是对球的控制能力不好，为了能让幼儿提高控制能力，因此设计此游戏活动，使幼儿不再是单纯地滚球。小猪快快跑的游戏来源于民间体育游戏赶小猪。

活动目标

1. 能瞄准目标，手眼协调赶小猪前行。
2. 培养幼儿大胆参与游戏的情感，体验游戏的快乐。
3. 发展幼儿动作的协调性、灵敏性、准确性。

活动准备

1. 棍子、篮球、操场布置。
2. 活动音乐、播放音乐设备。

活动重难点

1. 用器械赶小猪。
2. 瞄准目标，手眼协调赶小猪前行。

活动过程

环节	活动内容与过程安排	时间	形式
准备部分	1. 教师带领幼儿在场地上绕跑，做热身运动。 2. 儿化小游戏《什么东西来了》。	4分钟	集体
教学与练习部分	探讨球的多种玩法。 （1）幼儿自主探索、尝试球的玩法。教师注意观察孩子们的玩法，并随时给以指导。 （2）请幼儿展示自己与其他幼儿不同的玩法，让幼儿相互交流，相互模仿。 （3）教师：刚才，宝宝们的玩法还真多，有用身体的某个部位来玩的，有借助辅助材料来玩的，你们都很棒！请宝宝选择自己喜欢的辅助材料再玩一次。 （4）教师：刚才，宝宝们都玩得很好，今天，老师和宝宝们来玩一个游戏，名字叫《小猪快快跑》。	8分钟	集体与个别相结合
	1. 场地与游戏介绍。 （1）请幼儿进入场地，安排幼儿站好位置。 （2）教师讲解场地：起点线前的拱门（相距2米）做"小猪的家"。 （3）教师讲解玩法。 （4）提出游戏要求：用辅助材料赶小猪，不能用小手碰球，谁先把小猪赶进家门的谁赢。 2. 分组进行《小猪快快跑》比赛。 3. 全体幼儿进行《小猪快快跑》比赛。	10分钟	集体与分组相结合
结束部分	1. 在教师带领下随音乐做放松动作。 2. 教师对此次活动进行简单点评后退场。	3分钟	集体

图一：赶小猪传统玩法

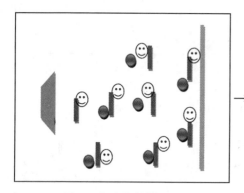

图二：赶小猪创新玩法

幼儿：☺	篮球：●	起点线：▬
棍子：▮	拿着棍子的幼儿：☺	小猪的家：◀

揪尾巴（篮球）

设计意图

揪尾巴起源于模仿动物。在幼儿模仿动物的过程中，看看哪个动物尾巴让其他动物吃掉。揪尾巴原始玩法仅仅是用布条来进行游戏，本游戏经过我们的改变后，创新点在于在游戏中我们增加了篮球和情景活动让幼儿进行游戏，而非仅仅是布条，一方面我们能保证幼儿的安全，另一方面可以练习幼儿快跑和躲闪的动作，提高幼儿灵敏、协调等身体素质。

活动目标

1. 练习行进间运球。
2. 练习快跑和躲闪的动作，提高幼儿灵敏、协调等身体素质。
3. 培养幼儿能在游戏中友爱互助的良好品德。

活动准备

1. 篮球人手1个，废旧报纸条、彩色布条。
2. 热身音乐、放松音乐。

活动重难点

1. 幼儿在运球中同时要保护好自己的尾巴也要抢别人尾巴。
2. 幼儿在游戏中遵守规则，保护好自己。

活动过程

环节	活动内容与过程安排	时间	形式
准备部分	1. 组织小羊找到一个点站着。 2. 组织小羊随音乐做热身运动。	3分钟	集体
教学与练习部分	1. 小羊自由探索。 2. 小羊与老师一起玩"篮球"。 （1）请幼儿想想两人加入篮球怎样玩布条。 （2）请幼儿自由找一个朋友，分散练习，教师巡回指导。 （3）可以用来投掷。	5分钟	集体与个别相结合
	练习活动：揪尾巴。 （1）请会玩揪尾巴的幼儿示范玩法，把布条塞进裤腰，让对方拍掉篮球。 （2）幼儿第一次集体练习随意扔。 （3）幼儿第二次有目标地玩。	10分钟	集体与个别相结合

续表

环节	活动内容与过程安排	时间	形式
教学与练习部分	情景活动。 （1）大灰狼来揪尾巴。 （2）怎样不被大灰狼捉住尾巴而自己却能捉住别人的尾巴？鼓励幼儿灵活躲闪，捉的动作要快。幼儿再次练习时揪住尾巴的为胜利。	10分钟	集体
结束部分	1.幼儿跟随音乐进行放松运动。 2.教师小结。	2分钟	集体

游戏图解

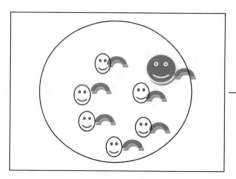

图一：揪尾巴传统玩法

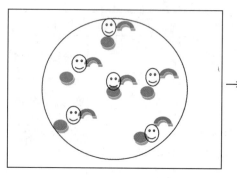

图二：揪尾巴创新玩法

幼儿：　　　　教师：　　　　篮球：

报纸、彩色布条尾巴：　　　　拍着篮球的幼儿：

🐻 老鹰捉小鸡（羊角球、报纸球）

设计意图

本游戏经过我们的改良后，创新点在于在游戏中增加了篮球、羊角球让此游戏增加了难度，同时，由于采用比赛的形式也能有效地让幼儿在游戏中增加乐趣。我们也并非只让幼儿在没有任何辅助材料的情况下进行游戏，一方面我们能保证幼儿的安全和游戏的多样性，另一方面学习羊角球和报纸球的多种玩法，能够发展幼儿动作的灵敏性和反应能力，让他们学会躲闪，乐于参与游戏、体验合作游戏的乐趣。

活动目标

1. 学习羊角球和报纸球的多种玩法。
2. 发展幼儿动作的灵敏性和反应能力，学会躲闪。
3. 乐于参与游戏、体验合作游戏的乐趣。

活动准备

1. 报纸球若干，羊角球1个，鸡妈妈、老鹰的头饰。
2. 热身音乐，放松音乐。

活动重难点

1. 发展幼儿动作的灵敏性和反应能力，学会躲闪。
2. 幼儿之间的相互配合，体验合作游戏的乐趣。

活动过程

环节	活动内容与过程安排	时间	形式
准备部分	1. 组织幼儿找到一个点站着。 2. 组织幼儿随音乐做热身运动。	3分钟	集体

环节	活动内容与过程安排	时间	形式
教学与练习部分	1. 幼儿自由探索。 2. 幼儿与教师一起玩报纸球和羊角球。 （3）报纸球可以用来投掷。 （4）可以坐在羊角球上坐着跳。	5分钟	集体与个别相结合
	练习活动：老鹰捉走了一只小鸡。 （1）幼儿示范捉一次，教师再进行讲解示范。 （2）幼儿第一次集体练习。 （3）幼儿第二次集体练习：老鹰要坐在羊角球上跳着去捉小鸡，而小鸡要把报纸球放在衣服上捉紧前面小鸡的衣服，老鹰要绕过母鸡到后面去捉小鸡，母鸡要张开翅膀保护小鸡，如果被老鹰拍到或捉到就暂时离场。	10分钟	集体与个别相结合
	情景活动。 （1）进行老鹰捉小鸡比赛。 （2）将幼儿分成若干组分别进行游戏活动，比赛看哪只老鹰最厉害，哪只母鸡更懂得保护自己的小鸡。指导要点：引导幼儿尝试自主进行游戏。	10分钟	集体
结束部分	1. 幼儿跟随音乐进行放松运动。 2. 教师小结。	2分钟	集体

游戏图解

图一：老鹰捉小鸡传统玩法

玩转球类，玩出童趣

图二：老鹰捉小鸡创新玩法

幼儿：☺　　　　报纸球：⬣　　　　羊角球：⬤

教师扮演老鹰：　　　　骑着羊角球的老鹰：☺

老狼老狼几点钟（篮球）

设计意图

本游戏经过我们的改进后，创新点在于在游戏中增加了篮球和情景活动，并让幼儿听到老狼说几点钟就拍几下篮球以此增加了乐趣，而非仅仅只是让幼儿在没有辅助材料的情况下进行游戏，一方面我们能保证幼儿的安全和游戏的多样性，另一方面通过学习篮球的多种玩法，激发幼儿对体育游戏的兴趣，体验游戏带来的乐趣，增强幼儿动作的灵活性和协调性。

活动目标

1. 学习篮球的多种玩法。
2. 激发幼儿对体育游戏的兴趣，体验游戏带来的乐趣。
3. 增强幼儿动作的灵活性和协调性。

活动准备

1. 篮球人手1个、老狼头饰、拱门。
2. 热身音乐《别看我只是一只羊》、放松音乐。

活动重难点

1. 引导幼儿尝试自主进行游戏。
2. 是否能自主地按游戏规则进行游戏。

活动过程

环节	活动内容与过程安排	时间	形式
准备部分	1. 热身运动：快乐走线。 2. 儿化游戏《龙卷风》。	3分钟	集体
教学与练习部分	1. 幼儿自由探索。 2. 幼儿与老师一起"玩篮球"。 （1）一起来玩老狼老狼几点钟的游戏。 （2）把篮球融入游戏当中。 （3）游戏玩法： 当老狼说几点钟的时候幼儿就拍几下球。 当老狼说2点钟的时候按对应的数字两位幼儿拥抱。	5分钟	集体与个别相结合
	练习活动。 （1）幼儿示范玩一次，教师再进行讲解示范。 （2）幼儿第一次集体练习随意玩。 （3）幼儿第二次有目标地玩。	10分钟	集体与个别相结合
	情景活动。 （1）进入狼堡。 （2）小羊们问"老狼老狼几点了"当老狼回答几点则向前用篮球拍相对应的数，当"天黑了"，进行追逐跑游戏并保护好篮球，直至小羊都回到羊群。	10分钟	集体
结束部分	1. 幼儿跟随音乐进行放松运动。 2. 教师小结。	2分钟	集体

游戏图解

图一：老狼老狼几点钟传统玩法

图二：老狼老狼几点钟创新玩法

教师：😀　幼儿：😊　篮球：⬤　2点钟时两位幼儿拥抱一起：😊😊

拉小车（篮球）

设计意图

拉小车的传统玩法是一名幼儿身体伏地，双手撑地，两条腿用力蹬直，扮演小推车，另一名幼儿站在其后，抬起前一位幼儿的双脚，两人配合着向前行走。本游戏经过我们的改进后，创新点在于在游戏中我们增加了篮球和情景活动以及比赛的形式让幼儿在游戏中增加了乐趣，而非仅仅是让幼儿在没有任何的辅助材料下进行游戏，一方面我们能保证幼儿的安全，另一方面可以通过玩小推车运篮球指导幼儿两两结伴进行拉车游戏。通过这个游戏可以增强手部力量，提高身体平衡协调能力，发展幼儿的肢体协调能力，培养幼儿对合作游戏的兴趣。

活动目标

1. 学习篮球的多种玩法。

2. 通过玩小推车运篮球指导幼儿两两结伴进行推车游戏，增强手部力量，提高身体平衡协调能力。

3. 发展幼儿的肢体协调能力，培养幼儿对合作游戏的兴趣。

活动准备

1. 篮球人手1个。

2. 独轮车两辆、雪糕筒两个。

3. 欢快的游戏音乐，进行曲。

活动重难点

1. 发展幼儿的肢体协调能力。

2. 幼儿之间的相互配合。

活动过程

环节	活动内容与过程安排	时间	形式
准备部分	1. 热身运动，围绕场地跑一圈。 2. 儿化游戏《踩蚂蚁》。	3分钟	集体
教学与练习部分	1. 幼儿自由探索。 2. 幼儿与老师一起玩篮球。 （1）用小推车怎样玩篮球。 （2）用小推车运篮球。	5分钟	集体与个别相结合
	练习活动：小推车运篮球。 （1）幼儿示范运一次，教师再进行讲解示范。	10分钟	集体与个别相结合

环节	活动内容与过程安排	时间	形式
教学与练习部分	（2）幼儿第一次集体练习随意运。 （3）幼儿第二次有方法地玩。	10分钟	集体与个别相结合
	情景活动。 （1）运西瓜比赛。 （2）快乐比赛，难度练习。	10分钟	集体
结束部分	1.幼儿跟随音乐进行放松运动。 2.教师小结。	2分钟	集体

游戏图解

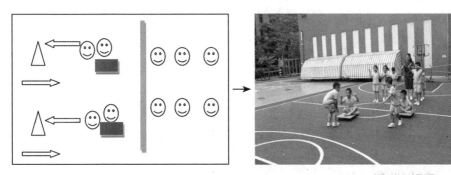

图一：拉小车传统玩法

图二：拉小车创新玩法

小车：　　　篮球：　　　幼儿：☺　　　雪糕筒：△　　　起点线：

拉小车和坐小车幼儿：☺ 　　　拉小车幼儿、坐小车抱球幼儿：☺

神投手（手球）

设计意图

本游戏经过我们的改良后，创新点在于在游戏中我们增加了报纸球和情景活动执行解放军叔叔给的任务，让幼儿在游戏当中跟自己的好朋友一起合作完成任务，让幼儿在游戏中增加了乐趣。而非仅仅只是让幼儿在没有辅助材料的情况下进行游戏，一方面我们能保证幼儿的安全和游戏的多样性，另一方面通过学习匍匐前进，增强幼儿上、下肢的力量，进行综合练习活动，以此来发展幼儿的平衡、协调能力，继续增强幼儿的规则意识。

活动目标

1. 学习手球的多种玩法。
2. 体验与同伴共同游戏的快乐。
3. 在游戏情境中，练习协调有力地投远和投准。

活动准备

1. 手球人手1个、拱门、雪糕筒、跨栏。
2. 热身音乐、放松音乐。

活动重难点

1. 学习匍匐前进。
2. 协调有力地投远和投准。

活动过程

环节	活动内容与过程安排	时间	形式
准备部分	1.组织幼儿找到一个点站着。 2.组织幼儿随音乐做热身运动。	3分钟	集体

环节	活动内容与过程安排	时间	形式
教学与练习部分	1. 幼儿自由探索。 2. 幼儿与老师一起玩手球。 （1）双臂张开，头顶手球走。 （2）可以用来投掷。	5分钟	集体与个别相结合
	练习活动：看谁投得准。 （1）幼儿示范投一次，教师再进行讲解示范。 （2）幼儿第一次集体练习随意投。 （3）幼儿第二次有目标地投。	10分钟	集体与个别相结合
	情景活动。 （1）看谁是神投手。 （2）幼儿扮演的"神投手"先在1线准备，听到信号后边来回走动边瞄准目标（敌人）投球，击中五个人后方可缩短投掷距离，匍匐前进到2线，再匍匐前进到3线上投掷。被击中者暂时退出游戏。最后余3-6人时为胜利者，游戏结束。	10分钟	集体
结束部分	1. 幼儿跟随音乐进行放松运动。 2. 教师小结。	2分钟	集体

游 戏 图 解

图一：神投手传统玩法

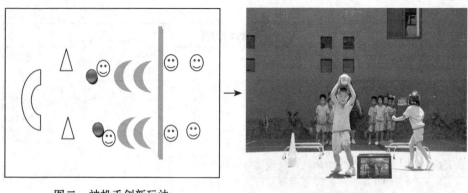

图二：神投手创新玩法

雪糕筒：△　　　手球：●　　　幼儿：☺　　　拱门：(

起点线：━━　　　跨栏：）　　　拿着手球的幼儿：●☺

占四角（足球）

设计意图

游戏是伴随着人类社会发展的一种社会现象，是幼儿的一项基本活动。游戏是幼儿童年生活不可或缺的一部分。它是孩子童年的欢乐、自由和权利的象征。丰富多彩的游戏不仅可以促进幼儿身心健康发展，而且能增长幼儿的知识，发展智力。

活动目标

1. 学习足球的多种玩法。
2. 学玩占四角的游戏，体验民间游戏的乐趣。
3. 体验足球运动的快乐并养成遵守规则的习惯。
4. 锻炼身体的灵敏性，发展幼儿走、跑等技能。

活动准备

1. 足球若干、罐子、积木、椅子、箱子若干、图示一二三。

2. 热身音乐大王叫我来巡山、放松音乐babytree。

活动重难点

1. 初步探索绕障碍物运球、射门，发展走、跑动作的协调性。

2. 幼儿之间的相互配合。

活动过程

环节	活动内容与过程安排	时间	形式
准备部分	1. 随着音乐做热身运动。 2. 儿化游戏《乘坐电梯》。	3分钟	集体
教学与练习部分	1. 幼儿自由探索。 2. 幼儿与教师一起玩足球。 （1）双臂张开，头顶足球走。 （2）双脚夹足球跳。 （3）可以用来踢。	5分钟	集体与个别相结合
教学与练习部分	1. 练习活动：结合故事，学玩占四角游戏。 （1）教师出示图一：孩子们，你们真聪明。小熊转了一圈，什么也没有找到，突然，在一棵大树下发现了什么？（足球）孩子们，你们玩过吗？你们以前是怎么玩的，幼儿讨论。 （2）教师：那你们来猜猜，小熊和它的小伙伴会怎么玩？教师出示图二，引导幼儿理解看懂图纸。你看了图纸，请你来说说你觉得它们会怎么玩呢？ 幼儿自由讨论。 教师引导幼儿说说有哪些口令。 教师总结：5只小熊，4个足球，一只小熊站到中间发号口令，听到口令后5只小熊一起跑动抢占四个角落，占到者为赢，输者就在中间重新发号口令。 2. 个别幼儿示范游戏玩法，再次明确游戏玩法和规则。 教师：老师现在要请一组小朋友来玩这个游戏，哪一组？第一组第一个小朋友做裁判，其他四个小朋友拿足球。	10分钟	集体与个别相结合

环节	活动内容与过程安排	时间	形式
教学与练习部分	3.情景活动。 （1）设置障碍物，创新占四角游戏。 （2）幼儿根据现场提供的材料，增设障碍物，讨论制订游戏规则。 （3）个别组的幼儿按照提议，尝试游戏。	10分钟	集体
结束部分	1.幼儿跟随音乐进行放松运动《敲咚咚》。 2.教师小结。	2分钟	集体

游 戏 图 解

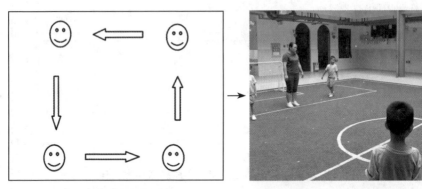

图一：占四角传统玩法

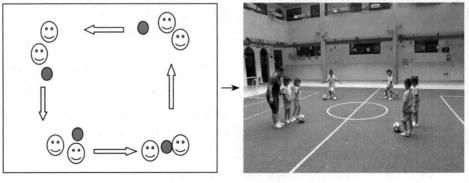

图二：占四角创新玩法

幼儿： ☺   足球： ●   两人一组幼儿： ☺☺

玩转球类，玩出童趣

踩影子（报纸球）

设计意图

影子是幼儿生活中司空见惯的自然现象，但却又是最易让幼儿忽视的。因为幼儿的观察是无意识的，我们应该将幼儿无意识地观察与教师有意识地引导结合起来，走出教室，融入自然，关注幼儿生活，才能引起幼儿的极大学习兴趣。

活动目标

1. 锻炼幼儿四散跑和投掷的能力。
2. 激发幼儿运动的兴趣。
3. 培养幼儿能灵活躲闪和有目标地奔跑的能力。

活动准备

1. 报纸球。
2. 活动音乐、放松音乐。

活动重难点

1. 锻炼幼儿四散跑的能力。

活动过程

环节	活动内容与过程安排	时间	形式
准备部分	1. 组织幼儿找到一个点站着。 2. 组织幼儿随音乐做热身运动。	3分钟	集体
教学与练习部分	1. 幼儿自由探索。 2. 幼儿与教师一起，玩踩影子游戏，练习躲闪跑和追逐跑。 （1）在踩影子游戏当中加入报纸球。 （2）学习用报纸球去投掷对方小朋友的影子。	5分钟	集体与个别相结合

续 表

环节	活动内容与过程安排	时间	形式
教学与练习部分	练习活动。 （1）幼儿示范投掷一次，教师再进行讲解示范。 （2）幼儿第一次集体练习随意投掷。 （3）幼儿第二次有目标的投掷。	10分钟	集体与个别相结合
	情景活动。 （1）将幼儿分成两队进行投掷影子比赛。 （2）看看哪一组能把对方的影子都投中，哪一组就获胜。	10分钟	集体
结束部分	1.幼儿跟随音乐进行放松运动。 2.教师小结。	2分钟	集体

游戏图解

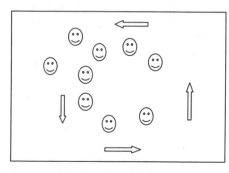

图一：踩影子传统玩法

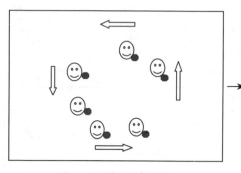

图二：踩影子创新玩法

教师： 幼儿： 报纸球： 幼儿手拿报纸球：

两人三足（足球）

设计意图

本游戏经过我们的改进后，创新点在于在游戏中我们增加了足球，并让幼儿跟同伴一起夹着足球跳。在活动的过程中以比赛的形式让幼儿增加乐趣，而非仅仅只是让幼儿在没有辅助材料的情况下进行游戏，一方面我们能保证幼儿的安全和游戏的多样性，另一方面可以锻炼他们脚部力量，提高动作的协调性，培养幼儿的毅力和耐力。让他们乐意与同伴协作游戏，体验合作游戏的乐趣。

活动目标

1. 学习足球的多种玩法。
2. 锻炼脚部力量，提高动作的协调性，培养幼儿的毅力和耐力。
3. 乐意与同伴协作游戏，体验合作游戏的乐趣。

活动准备

1. 足球人手1个、宽绳带若干、哨子1个、拱门1个。
2. 热身音乐、放松音乐。

活动重难点

1. 锻炼脚部力量，提高动作的协调性。
2. 乐意与同伴协作游戏。

活动过程

环节	活动内容与过程安排	时间	形式
准备部分	1. 幼儿随音乐做热身运动。 2. 儿化游戏《什么动物来了》。	3分钟	集体

— 191 —

环节	活动内容与过程安排	时间	形式
教学与练习部分	1. 幼儿自由探索。 2. 探索两人三足的游戏方法。 （1）请两组幼儿尝试绑脚走一走。 （2）双脚夹足球跳。 （3）可以用来抱着走。	5分钟	集体与个别相结合
	练习活动：双脚夹足球跳或抱着足球走。 （1）幼儿示范玩一次，教师再进行讲解示范。 （2）幼儿第一次集体练习随意玩。 （3）幼儿第二次有目标地玩。	10分钟	集体与个别相结合
	情景活动。 （1）合作两人三足夹足球比赛。 （2）看哪一组踢的足球多。	10分钟	集体
结束部分	1. 幼儿跟随音乐进行放松运动。 2. 教师小结。	2分钟	集体

游戏图解

图一：两人三足传统玩法

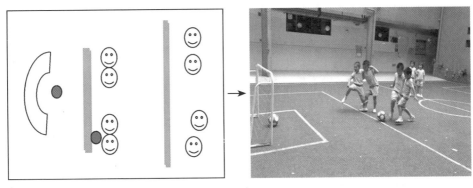

图二：两人三足创新玩法

拱门： ⌒   足球： ●   幼儿： ☺   教师： 😀

终点线： ▬▬   起点线： ▬▬   两人一组： ☺☺

打雪仗（海洋球）

设计意图

本游戏经过我们的改进后，创新点在于在游戏中我们增加了海洋球和比赛游戏，让打雪仗这个游戏不再单一，也能有效地让幼儿在游戏中增加了乐趣。而非仅仅是让幼儿在有沙包的情况下进行游戏，一方面我们能保证幼儿的安全和游戏的多样性，另一方面通过让幼儿学习投掷，不仅能将海洋球投到较远处观察投掷目标，还能进行肩上挥臂投掷，积极地参与游戏。

活动目标

1.学习投掷，能将海洋球投到较远处。

2.能观察投掷目标，进行肩上挥臂投掷。

3.能积极地参与游戏。

活动准备

1.海洋球若干、爬行垫。

2.热身音乐、放松音乐。

活动重难点

1.幼儿对游戏规则的理解和游戏行动。

2.能观察投掷目标。

活动过程

环节	活动内容与过程安排	时间	形式
准备部分	1.带领幼儿围绕场地跑步。 2.做上下身律动热身运动。	3分钟	集体
教学与练习部分	1.幼儿自由探索。 2.幼儿与教师一起"玩海洋球"。 （1）双臂张开，头顶海洋球走。 （2）可以抛接。 （3）可以用来投掷。	5分钟	集体与个别相结合
	练习活动。 （1）幼儿示范扔一次，教师再进行讲解示范。 （2）幼儿第一次集体练习随意扔。 （3）幼儿第二次有目标的扔。	10分钟	集体与个别相结合
	情景活动。 （1）打雪仗。 （2）幼儿分成两组，相距2～3米远，听指令做动作。 （3）提醒幼儿不要打向小朋友的面部。	10分钟	集体
结束部分	1.幼儿跟随音乐进行放松运动。 2.教师小结。	2分钟	集体

游戏图解

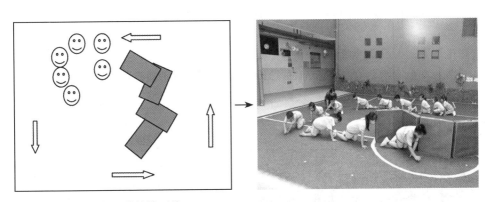

图一：打雪仗传统玩法

图二：打雪仗创新玩法

爬行垫： ▬　海洋球： ●　幼儿： ☺　手拿海洋球的幼儿： ☺●

跳房子（篮球、报纸球）

设计意图

本游戏经过我们的改进后，创新点在于在游戏中我们增加了篮球和报纸球情景活动，并以比赛的形式让幼儿在游戏中增加了乐趣，而非仅仅只是在沙包辅助材料下进行游戏。一方面我们能保证幼儿的安全和游戏的多样性，另一方面可以通过在形式多样的民间体育游戏中，发展幼儿弹跳力和身体的协调能力，还能让同伴之间互相合作，分享合作的快乐。

活动目标

1. 学习篮球的多种玩法。
2. 在形式多样的民间体育游戏中，发展弹跳力和身体的协调能力。
3. 同伴之间互相合作，分享合作的快乐。

活动准备

1. 报纸球、篮球人手1个，地上画跳房子的图形。
2. 热身音乐《大王叫我来巡山》，放松音乐。

活动重难点

1. 幼儿探索篮球多种玩法。
2. 发展弹跳力和身体的协调能力。

活动过程

环节	活动内容与过程安排	时间	形式
准备部分	1. 热身运动《欢快走线》。 2. 律动操。	3分钟	集体
教学与练习部分	1. 幼儿自由探索。 2. 幼儿与教师一起玩用手抱着篮球脚夹着报纸球跳房子。 （1）双脚夹报纸球跳。 （2）可以用来投掷。 （3）跳房子的同时要夹着报纸球来跳。	5分钟	集体与个别相结合
	练习活动。 （1）幼儿示范玩一次，教师再进行讲解示范。 （2）幼儿第一次集体练习随意玩。 （3）幼儿第二次有目标地玩。	10分钟	集体与个别相结合
	情景活动。 （1）进行跳房子比赛。 （2）看谁夹的报纸球多，而且抱在手上的篮球不掉。	10分钟	集体

续表

环节	活动内容与过程安排	时间	形式
结束部分	1. 幼儿跟随音乐进行放松运动。 2. 教师小结。	2分钟	集体

游戏图解

图一：跳房子传统玩法

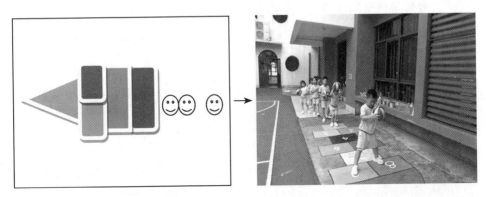

图二：跳房子创新玩法

幼儿：☺️　篮球：●　拿着篮球幼儿：☺️●　跳房子场地：◀▌▌

石头剪刀布（篮球）

设计意图

我园开展《球类活动与民间体育游戏整合的实践研究》市级课题的研究立足于改变幼儿户外体育游戏的现状，球类活动与民间游戏整合在游戏活动中增强幼儿的创造力，提高幼儿的合作意识，让幼儿自主快乐的游戏。本次选取了民间游戏"石头剪刀布"，该游戏对于幼儿来说，是一个非常熟悉的、简单又有趣的游戏。为了使这个民间游戏更贴近时代发展需要，我对它进行了改编和创新，融入了幼儿熟悉的篮球，使游戏既经典又现代，让这个传统的老游戏有了时代感，更加受他们的喜爱。

活动目标

1. 学习原地转身接球，练习行进间单手运球。
2. 发展持球灵敏性、反应及协调能力。
3. 培养幼儿积极地参与集体活动。

活动准备

1. 《万能工匠》歌曲。
2. 雪糕筒。
3. 篮球若干。

活动重难点

1. 幼儿对游戏规则的理解和游戏行动。
2. 幼儿之间的相互配合以及遵守规则。

活动过程

环节	活动内容与过程安排	时间	形式
准备部分	1. 热身运动：欢乐走线（取球）。 2. 队列队形练习：并队一分队，开花跑。	4分钟	集体
教学与练习部分	1. 玩原始《石头剪刀布》游戏。 2. 学习原地转身接球。 3. 练习行进间单手运球。	8分钟	集体与个别相结合
教学与练习部分	1. 游戏一：《石头剪刀布》手猜拳玩法（两人一组比赛）。教师组织幼儿两组各站在广场线的一侧，一声哨响后两人用手互相石头剪刀布，赢的幼儿抱球往前跨一步，输的幼儿则原地转身接球，游戏玩法以此类推，到达终点摸到雪糕筒后运球回到起点线后就为胜利。（教师请配班教师示范正确游戏玩法，并说明游戏规则。） 2. 游戏二：《石头剪刀布》手猜拳玩法（小组比赛）。教师组织幼儿分组各站在广场线的一侧，一声哨响后幼儿小组互相石头剪刀布，赢的幼儿抱球往前跨一步，输的幼儿则原地转身接球，游戏玩法以此类推，到达终点摸到雪糕筒后运球回到起点线后就为胜利。（教师请幼儿示范正确游戏玩法，并说游戏规则。）	10分钟	集体与分组相结合
结束部分	教师带领幼儿在音乐中进行放松活动。	3分钟	集体

游戏图解

图一：石头剪刀布传统玩法

图二：剪刀石头布创新玩法

万能工匠垫：●   篮球：●   幼儿：☺   起点线：▬

雪糕筒：△   两人一组：☺☺   拿着篮球幼儿：☺●

抬花轿（藤球）

设计意图

中国独生子女的问题也越来越多：吃苦精神、挫折教育、合作意识，等等。抬花轿是我国民间传统的婚俗，通过这一活动不仅可以使幼儿对这一风俗有所了解，而且能培养幼儿间的合作意识和合作能力，体验与同伴合作的乐趣。

活动目标

1. 能够合拍地用抬轿步进行游戏，体验与同伴合作表演的趣味性。
2. 了解我国民间古代婚俗风俗——抬花轿。

活动准备

1. 藤球若干、棍子若干、操场布置。
2. 活动音乐、播放音乐设备。

活动重难点

1. 能跟着音乐做游戏，体验游戏的趣味性。

2. 能合拍地做抬轿步。

活动过程

环节	活动内容与过程安排	时间	形式
准备部分	1. 绕活动场地做热身活动。 2. 律动操《身体音阶歌》。	4分钟	集体
教学与练习部分	学习抬轿子。 （1）分段练习动作。 ① 两名幼儿用棍子做成轿子，一名幼儿在中间当新娘。 ② 抬轿子的幼儿起身，并一步一步稳稳地向前走。 ③ 碎步走——向前三步走，向后三步走，扭一扭。 （2）配音乐进行游戏。 ① 完整听音乐。 ② 随音乐做动作。并试着合着音乐走。 ③ 听音乐完整游戏。	8分钟	集体与个别相结合
	1. 分组游戏。 教师扮新娘，幼儿集体抬花轿。 请个别幼儿扮新娘，集体抬花轿。 2. 幼儿自主游戏。 三人一组，幼儿自由组合，一人扮新娘，两人一左一右抬花轿，到了新家新娘就抛绣球，谁抛得最远谁就胜。	10分钟	集体与分组相结合
结束部分	1. 跟随音乐做放松运动。 2. 教师小结。	3分钟	集体

游戏图解

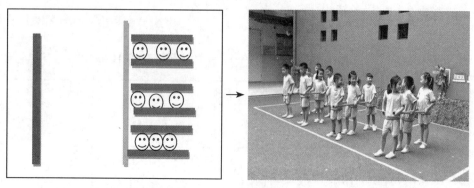

图一：抬花轿传统玩法

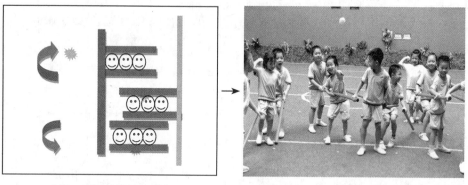

图二：抬花轿创新玩法

棍子：■■■ 藤球：✷ 幼儿：☺ 终点线：■■■■

起点线：■■■ 拿藤球的幼儿：☺✷

趣味保龄球（保龄球）

设计意图

球类是幼儿非常喜欢的一样体育器械。而保龄球对他们来说充满着新奇，也更具吸引力。为了锻炼幼儿手臂肌肉的爆发力，我设计了"趣味保龄球"这一健康活动。目的是激发幼儿参与体育活动的兴趣，发展他们的掷准能力，培养幼儿合作创新能力。

活动目标

1. 体验击倒瓶子的成就感。

2. 探究保龄球瓶的摆放方式、滚球的力量、距离与倒瓶的关系。

3. 通过打保龄球的学练竞赛，改进提高掷球技术动作，培养集体观念，增强合作竞争意识。

活动准备

1. 保龄球、保龄球瓶若干、手球、操场布置。

2. 活动音乐、播放音乐设备。

活动重难点

1. 通过打保龄球，培养幼儿集体观念，增强合作竞争意识。

活动过程

环节	活动内容与过程安排	时间	形式
准备部分	幼儿每人一只球，在教师的带领下听音乐做运动。	4分钟	集体
教学与练习部分	1. 球宝宝滚滚。 （1）幼儿自由练习滚球，教师巡回指导。 教师：球宝宝也想自己到地上去运动运动，我们把他放到地上滚滚吧。 （2）个别幼儿示范滚球，探究滚球的力量与距离的关系。 （3）教师示范滚球的动作：双手抱住球宝宝，用力一起往前推。 教师：球宝宝是怎么滚的？怎样才能让球宝宝滚得更远呢？ 2. 再次游戏，观察幼儿掌握动作的情况，引导用正确的方式滚球。幼儿按照要求滚球打跑道旁边的保龄球瓶。	8分钟	集体与个别相结合

环节	活动内容与过程安排	时间	形式
教学与练习部分	做游戏：打保龄球。 教师：你们见过打保龄球吗？是怎样打的？ （1）幼儿两人合作，尝试用篮子里的物品将斜坡对面的保龄球瓶击倒。 教师：这里是小小保龄球馆，这个坡度就是跑道，请两个小朋友一组，用小篮子里的东西来打跑道前面的保龄球瓶。 （2）师生共同交流游戏结果。教师帮助幼儿梳理游戏中的发现，鼓励幼儿用自己的语言表达所发现的现象。 教师：现在我们来研究一下。刚才你们用罐子打倒了跑道前面的保龄球瓶，用杯子打倒了旁边的保龄球瓶。这是为什么呢？ （3）幼儿自主游戏。幼儿和伙伴结对自主打保龄球。	10分钟	集体与分组相结合
结束部分	1. 拿着保龄球跟随音乐做放松运动。 2. 教师小结。	3分钟	集体

游戏图解

图一：趣味保龄球传统玩法

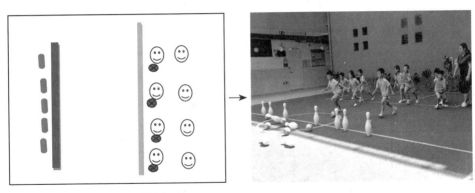

图二：趣味保龄球创新玩法

保龄球： ⊗   保龄球瓶： ▮   幼儿： ☺   起点线： ▬▬

终点线： ▬▬▬   拿保龄球的幼儿： ☺⊗

小青蛙跳荷叶（手球）

设计意图

本活动设计通过"跳荷叶"，贯穿整个体育活动过程，让幼儿在以"小青蛙跳荷叶"为主线的活动中，尝试用自己不同的方式去"跳荷叶"，锻炼跨、跳等动作，提高幼儿身体的协调能力等。我把万能工匠万能点器械放在操场上，孩子们开心极了，跳来跳去，创造出许多不同的玩法。根据大班孩子活泼好动、乐意接受挑战的特点，我创设情景游戏，让幼儿在运动和游戏中愉悦身心，锻炼体能。

活动目标

1. 训练幼儿身体四肢的灵活性和协调性。

2. 练习幼儿双脚和助跑跨跳的能力，发展幼儿腿部的弹跳能力及动作的协调性。

3. 激发幼儿参与游戏的兴趣，培养幼儿的合作意识和合作能力，让幼儿体验游戏的快乐。

活动准备

1. 宽阔的场地。
2. 万能工匠万能点器械。
3. 手球、篮子。

活动重难点

学习跨跳的动作技能。

活动过程

环节	活动内容与过程安排	时间	形式
准备部分	热身运动（教师示范，幼儿跟着模仿）。 （1）身体趴在地上，双手合放在背上，利用上身的扭动移动身体。 （2）蝌蚪长出两条后腿，身体趴在地上，用两条腿连续蹬地并扭动身体前行。 （3）蝌蚪长出两条前腿，四肢匍匐爬行。 （4）蝌蚪变成青蛙起跳；模仿青蛙跳跃的动作，做全身运动。	4分钟	集体
教学与练习部分	青蛙跳荷叶。 （1）学习立定跳远。 教师：现在小蝌蚪变成了青蛙。你们知道青蛙有什么本领吗？青蛙不仅会唱歌，还会蹦蹦跳，青蛙最喜欢跳荷叶了。那怎么跳才正确呢？（教师示范讲解，要求：同一方向进行跳跃，起跳时用力蹬地，向前上摆臂；落地时，屈膝全蹲，保持平衡。） 教师：青蛙们一起来跳荷叶！ （2）学习助跑跨跳。 教师：荷叶变得这么宽，谁敢挑战。（请一位幼儿尝试跳跃） 教师：刚才荷叶窄，我们用立定跳远，现在我们可以用跨跳，我们要先到了荷叶前再跨跳，注意不要踩到水，保护自己的安全，就像这样。（教师示范） 教师：现在我们一起试试，这里有不同的宽度，你可以自己选择。	8分钟	集体与个别相结合
	青蛙过小河。 教师：小青蛙们，你们跳过这片荷叶池塘去，拿起武器（手球）向害虫投过去，看谁打的害虫最多！ 教学指导：幼儿分散活动，教师巡回观察，注意指导个别能力较弱的幼儿大胆尝试。	10分钟	集体与分组相结合

续 表

环节	活动内容与过程安排	时间	形式
结束部分	在教师带领下随音乐进行放松动作。	3分钟	集体

游 戏 图 解

图一：小青蛙跳荷叶传统玩法

图二：小青蛙跳荷叶创新玩法

幼儿：☺ 　手球：● 　起点线：▬ 　害虫的窝：〰

篁子：◎ 　荷叶：○ 　幼儿站在荷叶上：☺ 　手拿手球的幼儿：

袋鼠妈妈（篮球）

设计意图

大班幼儿活泼好动，非常喜欢在户外活动，为此，我设计了本次体育活动《袋鼠妈妈》。协助幼儿有效地掌握双脚行进跳和合作行进跳的动作技能，锻炼腿部力量。

活动目标

1. 练习袋鼠双脚跳的动作，提高幼儿的下肢力量及有氧耐力。

2. 通过游戏，培养幼儿不怕艰难的意志力，以及挑战自我的勇敢精神。

活动准备

1. 篮球若干。

2. 轮胎9个、地垫。

3. 活动音乐、功放机。

活动重难点

1. 练习双脚行进跳和合作行进跳。

2. 提高协调能力，锻炼腿部肌肉。

活动过程

环节	活动内容与过程安排	时间	形式
准备部分	请幼儿站在圆点上，其他幼儿一个跟好一个，站成一圈。做小叮当热身操。	4分钟	集体
教学与练习部分	1. 自由探索篮球的玩法。 教师：那么这个篮球应该怎么玩？（自由探索篮球的玩法） 2. 创设一个故事情景：袋鼠妈妈和宝宝（篮球）去郊游。增加幼儿跳跃的难度。	8分钟	集体与个别相结合

环节	活动内容与过程安排	时间	形式
	教师：袋鼠妈妈要带宝宝（篮球）去玩跳跳的游戏呢！我们一起来做一群快乐的袋鼠妈妈好吗？（幼儿围场地跳一圈）	8分钟	集体与个别相结合
教学与练习部分	1. 自由练习，故事情景：小袋鼠们跳呀跳，来到了一个大草原，大草原上的空气真新鲜呐，闻一下，新鲜吗？（幼儿回答并做"闻"的动作）大草原一望无际，好大呀！袋鼠妈妈和宝宝（篮球）尽情地蹦蹦跳跳，快乐极了。 2. 分组比赛，教师讲述游戏规则和玩法：袋鼠妈妈沿着小路跳过小土坡（轮胎）并带好吃的食物给宝宝。教师在幼儿游戏中巡回指导，随时注意观察袋鼠妈妈和宝宝（篮球）的情况。 教师在整个故事情景中，要特别关注能力弱的幼儿，勇于挑战自己。对于出汗的幼儿，可以让幼儿用毛巾擦汗。跳跃的时候，引导幼儿用鼻子吸气，嘴巴呼气。	10分钟	集体与分组相结合
结束部分	1. 放松游戏，幼儿瑜伽。（放音乐） 2. 教师说出口令，幼儿跟着教师做，腿部放松活动。	3分钟	集体

游戏图解

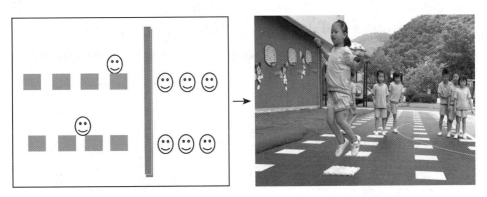

图一：袋鼠妈妈原始玩法

图二：袋鼠妈妈创新玩法

棒棒球（篮球）

设计意图

培养幼儿对体育活动的兴趣，根据幼儿的特点组织生动有趣、形式多样的体育活动吸引幼儿主动参与。大班幼儿已经有了较强的肢体协调能力，同伴间也有了一定的合作能力，活动中能够根据自己的能力创造出新的游戏玩法。因此，我设计了户外游戏《棒棒球》，提高幼儿体能，锻炼幼儿合作创新能力，以此促进幼儿身心和发展。

活动目标

1. 了解球的各种玩法，学习夹球走，尝试夹球跨栏过15、30、50厘米高的障碍。

2. 能大胆接受挑战，乐意和同伴一起游戏，体验合作的乐趣。

活动准备

1. 篮球若干。

2. 棍子若干。

3. 万能工匠跨栏15厘米2个、30厘米2个、50厘米2个。

活动重难点

1. 夹球跨栏过15、30、50厘米高的障碍。

活动过程

环节	活动内容与过程安排	时间	形式
准备部分	1. 幼儿成早操队形，进行热身运动。 2. 队列队形练习：并队—分队，开花跑。	4分钟	集体
教学与练习部分	1. 自由玩球。（幼儿站成两横排） （1）教师：小朋友的球操做得真棒，除了球操，你还会哪些玩球的本领，赶快去试一试？（幼儿自由玩球几分钟后，教师：请你抱好你的球，女孩子站到起点线，男孩子站到终点线。） （2）教师：谁先来介绍一下你玩球的方法？（重点复习巩固拍球、用手拍球走的技能） 2. 教师讲解动作要领并示范：两个人合作，把球用棍子夹在中间（教师给予适当帮助），两个夹好，步伐一致，向前侧行。告诉幼儿不能用手，必须用棍子。 3. 请两名幼儿示范，引导幼儿集体分析要怎样才能使球不掉下来。 4. 幼儿两两结伴，自由练习。鼓励幼儿坚持长时间不掉球，对运不好的幼儿给予帮助。	8分钟	集体与个别相结合
	组织幼儿进行游戏：夹球侧行比赛。 第一次组与组之间比赛，看谁先到达对面。 第二次每两组一个球，让两个幼儿跨过跨栏，下组紧接着游戏，看哪两组速度最快。	10分钟	集体与分组相结合
结束部分	1. 带领幼儿做放松运动，并表扬表现好的幼儿。 2. 教师对此次活动进行简单点评后退场。	3分钟	集体

游戏图解

图一：棒棒球传统玩法

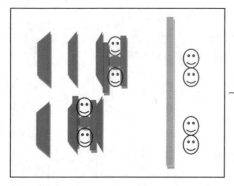 

图二：棒棒球创新玩法

幼儿：☺　　　篮球：●　　　起点线：▬　　　跨栏：◣

两个幼儿夹球走：　　　两个幼儿夹球跨栏走：

骑大马（手球）

设计意图

　　根据幼儿对竹竿、棍棒的喜爱，为了引导他们玩出更多安全有趣的玩法，据大班幼儿的年龄特点，特设计了本次活动。目的是让幼儿在玩中探索出更多好的竹竿玩法，初步接触、了解跳竹竿这一民间体育游戏活动，激发幼儿对民间体育游戏用竹竿骑大马的兴趣，掌握几种简单的节奏型。让幼儿在轻松愉快的氛围中体会到集体合作的快乐，促进幼儿同伴间的交往，提高幼儿的合作能力。

活动目标

1. 发展幼儿的平衡、跳跃能力，提高动作的协调性和灵敏性。

2. 了解跳竹竿这一民间体育游戏的来历。

3. 体验与同伴合作游戏带来的快乐，提高幼儿的合作能力。

活动准备

1. 万能工匠、棍子若干。

2. 手球若干。

3. 装手球篮子1个。

4. 拱门1个。

活动重难点

1. 激发幼儿对民间体育游戏用竹竿骑大马的兴趣。

2. 发展幼儿的平衡、跳跃能力。

活动过程

环节	活动内容与过程安排	时间	形式
准备部分	幼儿人手一根竹竿或棒子（长短不一）随音乐骑大马入场。	4分钟	集体
教学与练习部分	探索竹竿、棍棒的多种玩法。 （1）利用竹竿、棍棒进行"一棒多玩"。 教师导语：竹竿、棒子可以和我们玩骑大马的游戏，还可以和我们玩什么游戏呢？我们一起来试试。 可以自己玩，也可以和小伙伴一起玩。（幼儿四散游戏） （2）交流、总结竹竿、棍棒的新玩法。 幼儿展示自己探索出的新玩法。（挑担、跳竹竿、多人合作划小船、抬花轿、练武术、铺小路，等等）	8分钟	集体与个别相结合
	1. 师生一起进行游戏，边说儿歌边进行骑大马游戏。（游戏进行一到两次） 2. 出示手球，幼儿进行集体练习手球投掷。 3. 教师巡回观察指导幼儿，给幼儿及时鼓励。 4. 游戏活动——骑大马。幼儿分成两组进行比赛，骑大马到目的地拿上手球往球门投掷，哪组最先完成任务哪组就为胜。	10分钟	集体与分组相结合
结束部分	1. 教师带领幼儿拿着棍子听着好听的音乐摆出好看的图形，在图形里做放松运动。 2. 教师活动进行小结。	3分钟	集体

游戏图解

图一：骑大马传统玩法

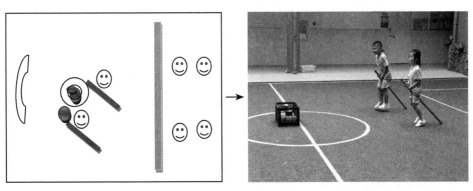

图二：骑大马创新玩法

幼儿：☺	手球：●	起点线：▬▬	拱门：⌒
篮子：◎	幼儿骑棍子：╱☺	幼儿骑棍子手拿手球：●╱☺

足球小子（足球）

设计意图

　　球是幼儿最喜爱的活动器械之一，具有会滚动、能弹跳等特性，不仅能发展幼儿走、跑、跳、平衡等动作，对其非智力因素的发展也具有潜移默化的影响。而幼儿期孩子们仅限于对皮球的认识及玩法，但大班幼儿随着运动经验的积累，常会把皮球当作足球踢着玩。足球运动是最具魅力的体育项目之一，具有活泼性、丰富性、生动性及竞赛性等特点。因而，针对大班幼儿对球类活动的兴趣点和需要，特设计此活动以进行足球技能游戏的练习为主，提高其运动能力，使幼儿在足球运动中体验快乐玩足球的乐趣。

活动目标

　　1. 进行足球技能游戏的练习。

　　2. 学习左右脚交替运球。

　　3. 培养幼儿喜欢玩球类游戏的兴趣。

活动准备

1. 雪糕筒黄色5个、红色5个。

2. 足球两个。

3. 足球门架1个。

活动重难点

学习左右脚交替运球的动作要领。

活动过程

环节	活动内容与过程安排	时间	形式
准备部分	1. 队列队形练习：并队—分队，开花跑。 2. 儿化游戏：《大黄蜂》	4分钟	集体
教学与练习部分	1. 出示雪糕筒，导入活动。 2. 幼儿分组练习S型绕雪糕筒跑。	8分钟	集体与个别相结合
教学与练习部分	1. 出示足球，复习传接球和定点射门。 2. 学习左右脚交替运球。 （1）教师：你们会用两只脚来配合踢球吗？谁来试试？请幼儿来试一试。 （2）教师示范用左右脚交替向前运球，注意脚部用力要适中，并控制好球的方向。 （3）幼儿跟着教师边念儿歌边自由练习左右脚交替运球："小足球，真听话，轻轻踢，朝前跑，左一下，右一下，我的双脚本领大"。教师进行个别指导。 3.教师引导幼儿左右脚交替运球与射门结合，幼儿自由练习，教师巡回指导。 4.游戏：运球射门对抗赛。 幼儿分成红蓝两队，每队10人。明确各队球门后，游戏开始，各队第一位小队员左右脚交替向球门方向运球，到达球门前射门，然后跑回起点，第二位小队员依次出发，进球多的队获胜。	10分钟	集体与分组相结合
结束部分	放松运动：亲亲小足球。 幼儿每人抱一个小足球，用球轻触自己的身体部位，并和同伴用足球轻轻拍打肩、背、手、脚等部位，以达到放松的目的。	3分钟	集体

游戏图解

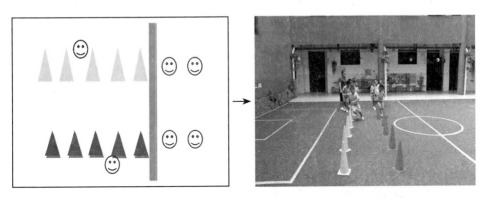

图一：足球小子的传统玩法

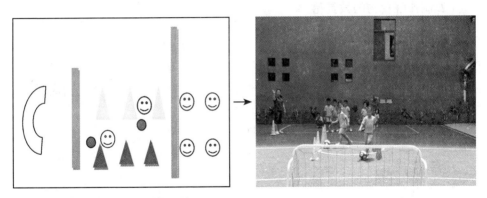

图二：足球小子的创新玩法

幼儿：☺　足球：●　足球门：⌒　雪糕筒：▲▲

起点线：▬　终点线：▬　带足球绕S型跑的幼儿：☺●

投投乐（报纸球）

设计意图

投掷是非常适合大班幼儿的活动方式，也是很有挑战的活动。在活动中可以发展幼儿的肢体协调性和灵敏性，同时也能培养幼儿的合作能力。结合本次活动，我利用自制教具通过打大灰狼和给小羊喂草的游戏，这几个环节由易到难循序渐进地培养了幼儿的投准、投远的能力，让幼儿充分感受到活动的快乐，体验挑战成功的自豪感。

活动目标

1. 通过游戏组织幼儿开展多种形式的投掷练习，发展幼儿的投准能力。
2. 培养幼儿对投掷活动的兴趣，以及竞争、合作的意识。

活动准备

1. 报纸球。
2. 制作喂食物的教具箱。
3. 热身音乐、功放机。

活动重难点

1. 发展幼儿的投准能力。
2. 发展幼儿的肢体协调性和灵敏性。

活动过程

环节	活动内容与过程安排	时间	形式
准备部分	1. 听口哨声，幼儿一路纵队走步入场。 2. 热身运动：我们一起动起来吧！（听音乐师生随音乐做动作）	4分钟	集体
教学与练习部分	1. 情景导入： 宝贝们有好多羊羊被大灰狼抓去了，我们怎么救小羊呢？看，我带来了什么？（教师出示报纸球）今天我们就用报纸球来打败大灰狼。 2. 教师：小朋友用报纸球去试试吧，看看谁的办法好。 （1）幼儿自由探索报纸球。（教师观察） （2）听到哨声立即回到红线上排成列横队，告诉老师你想到了什么办法？（请两名幼儿示范一下动作） （3）刚才小朋友的办法真好（扔），今天我们就来学投掷的新本领。	8分钟	集体与个别相结合

环节	活动内容与过程安排	时间	形式
教学与练习部分	1. 喂食物。 （1）教师：小朋友的本领真大，把大灰狼消灭了，小羊饿了，我们快去给小羊喂草吧！ （2）讲解任务规则：要投过线，小羊才能吃到，第一次先练习，第二次进行比赛。 （3）幼儿第一次练习喂食物。 （4）两队比赛：看哪队喂得多。 教师小结：数数谁喂的小草多谁就胜利。 2. 教师请两名幼儿合作示范玩法。 3. 幼儿反复游戏多次。教师小结：表扬投掷准的、会躲闪的幼儿。	10分钟	集体与分组相结合
结束部分	1. 教师：今天我们学了新本领，消灭了大灰狼，帮助了小羊，你们真棒真能干！ 2. 大家也累了，幼儿坐下休息，幼儿互相捏捏腿，捶捶背，活动结束。（放音乐）	3分钟	集体

游戏图解

图一：投投乐传统玩法

图二：投投乐创新玩法

幼儿：　　报纸球：⬣　　场地线：▬▬　　教师：😀

投掷箱（自制教具箱）：⧗　　拿着报纸球的幼儿：

拿着报纸球的教师：😀

🐒 踩高跷（足球）

设计意图

　　踩高跷是我国传统的民间体育游戏。本次活动所选择的器材是高跷。踩高跷是幼儿比较喜欢的一项体育活动，幼儿在玩踩高跷时，可以获得平衡能力和动作协调性的发展。在本次活动中，我还设置了一些情境以增加难度，意图让幼儿勇敢迎接挑战，在不断克服困难中体验成功的喜悦。

活动目标

　　1. 大胆运用高跷进行各种体育锻炼，发展创造力。

　　2. 促进平衡、跨越能力的进一步发展，运用踩高跷踢足球提高游戏的趣味性，从活动中锻炼幼儿动作的协调性和灵活性。

　　3. 感受与他人共同合作游戏的乐趣，培养竞争意识。

活动准备

1. 音乐《和快乐在一起》《运动员进行曲》。

2. 高跷人手1副、足球1个、旗杆、足球门。

3. 场地布置。

活动重难点

学习左右脚交替运球的动作要领。

活动过程

环节	活动内容与过程安排	时间	形式
准备部分	1. 听音乐，做简单的准备运动。（踩高跷进场） 2. 儿化游戏：《龙卷风》。	4分钟	集体
教学与练习部分	1. 探索活动。 （1）教师：平时我们经常玩高跷，今天袁老师再请你们去玩一玩，看看还有什么新的玩法。 （2）幼儿人手一副高跷，自由探索。 （3）集中交流玩法（请同伴们一起学习新玩法）。 2. 谈话引出主题：足球比赛 教师：刚才我听到一个好消息，听说森林里要举行踢足球比赛了，你们想去参加吗？ （想）那现在请你们抓紧时间去练习，争取在运动会上取得好成绩。 3. 教师介绍场"踩高跷"踢足球的玩法。 4. 幼儿熟悉场地，自由练习。 5. 集中交流。 教师：在刚才的练习中，你们遇到什么困难了吗？ 总结：想要站得稳，必须脚底的中心部分踩在高跷上；想要走得快、跨得稳，必须双手把绳子拉直。 6. 幼儿再次尝试练习。	8分钟	集体与个别相结合
	游戏：踩高跷踢足球射门对抗赛。 第一次比赛——热身赛（分析输赢的原因）。 第二次比赛——决赛。	10分钟	集体与分组相结合
结束部分	在轻松的音乐中带着幼儿做放松运动：拍腿，绕肩，甩手。	3分钟	集体

游戏图解

图一：踩高跷传统玩法

图二：踩高跷创新玩法

幼儿：😊　　　足球：●　　　足球门：⌒　　　旗杆：▰

高跷：▬　　　起点线：▬▬▬　　　幼儿踩在高跷上：

 斗鸡（足球）

设计意图

斗鸡是比较常见的民间游戏，通过对此游戏的相关了解，我在此基础上进行改编，在游戏中，加入足球的玩法，让游戏有了新的玩法。

活动目标

1. 练习单脚跳，发展下肢力量，提高身体动作的灵活性和协调性。
2. 感受传统民间游戏的魅力，体验参与竞技运动的乐趣。
3. 学会与同伴协商合作。

活动准备

1. 音乐《和快乐在一起》《运动员进行曲》。
2. 足球两个。
3. 球门1个。

活动重难点

学习左右脚交替运球的动作要领。

活动过程

环节	活动内容与过程安排	时间	形式
准备部分	1. 组织幼儿慢跑两圈，第一圈均速，第二圈121212跑。 2. 儿化游戏：《什么东西出来了》。	4分钟	集体
教学与练习部分	1. 幼儿摸索"斗鸡"游戏的规范动作及规则。 教师：其实，"斗鸡"游戏的规则是两只脚着地就算输了。 2. 教师鼓励幼儿自由练习"斗鸡"游戏。 3. 教师讲述游戏规则并鼓励幼儿进行"斗鸡"竞赛。 4. 幼儿熟悉场地，自由练习。	8分钟	集体与个别相结合
	斗鸡游戏。 （1）第一回合：一对一对抗。 幼儿进行一对一对抗，出战的两名幼儿双脚先落地者为输。 （2）第二回合：二对二对抗。 （3）第三回合：三对三对抗。 幼儿围成一圈自行协商出场顺序。在开始前，红队出战队员中有一名没摆好斗鸡姿势，教师口头强调三遍后，该名幼儿还是没摆好动作，在旁边幼儿的提醒下才摆好动作。 （4）第四回合：斗鸡比赛。 幼儿分成两队，幼儿做斗鸡动作跳到终点线，然后踢足球射门。	10分钟	集体与分组相结合

环节	活动内容与过程安排	时间	形式
结束部分	1. 带领幼儿做全身关节的放松运动。 2. 教师小结。	3分钟	集体

游 戏 图 解

图一：斗鸡传统玩法

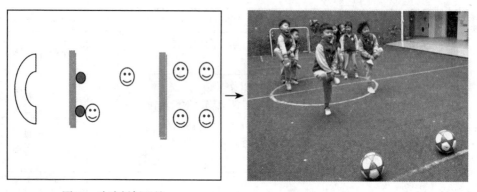

图二：斗鸡创新玩法

幼儿： ☺ 　　足球： ● 　　足球门： 　　起点线：

终点线： 　　踢足球的幼儿： ☺

长凳子 （篮球）

设计意图

在幼儿的生活中，凳子是最常见的生活用品。平时，孩子对凳子的认识只限于休息时使用，但是凳子却是父母小时候的玩具，凳子游戏不仅趣味性强，而且可以提高动作的灵敏性和协调性。为此，我设计了适合幼儿年龄特点的凳子游戏，并请家长帮忙提供游戏的器材——凳子，使幼儿充分感受凳子游戏的乐趣，同时也提高幼儿各方面的能力。

活动目标

1. 利用长凳游戏学习钻、爬和平衡的技能，提高动作的灵敏性、协调性。
2. 积极参与合作探索活动，具有勇敢和互相帮助的良好品质。
3. 幼儿体验高拍运球的乐趣。

活动准备

1. 木质长凳子。
2. 篮球若干。

活动重难点

1. 幼儿对游戏规则的理解和游戏行动。
2. 幼儿之间的相互配合以及遵守规则。

活动过程

环节	活动内容与过程安排	时间	形式
准备部分	将凳子围成圈，幼儿围绕凳子跟着音乐节奏做高人走、矮人走、快跑、慢走等动作练习。	4分钟	集体

环节	活动内容与过程安排	时间	形式
教学与练习部分	1. 教师把活动器材——长凳，介绍给幼儿："平时在我们的生活中长凳是用来干什么的呢？什么时候要用到凳子呢？" 2. 鼓励幼儿自由探索长凳的各种玩法。 3. 请幼儿介绍并示范自己的玩法，尝试进行各种凳子游戏。	8分钟	集体与个别相结合
	"长凳和篮球游戏"接力比赛。 教师："刚才，小朋友们动脑筋想出了许多有趣的玩法，有爬过'矮山洞'，钻过'高山洞'，走独木桥，你喜欢什么玩法？""我们把这三种方法组合起来，进行一次长凳游戏比赛好吗？" （1）走上长凳后，拍球走过独木桥，没掉球的幼儿就为胜利。师幼共同布置活动场地。 （2）幼儿讨论确定比赛的规则。每队可以请出一位队员做安全保护员，扶住长凳，保护队员安全进行游戏。 （3）分红绿两队进行比赛。 （4）教师和幼儿共同小结游戏中遇到的问题，并讨论解决的方法。再次比赛，对幼儿的表现作积极地评价，表扬幼儿的勇敢精神和互相帮助的良好品质。	10分钟	集体与分组相结合
结束部分	1. 幼儿倾听音乐，坐在凳子上做放松运动，适当休息。 2. 教师对此活动进行简单点评后退场。	3分钟	集体

游戏图解

图一：长凳子传统玩法

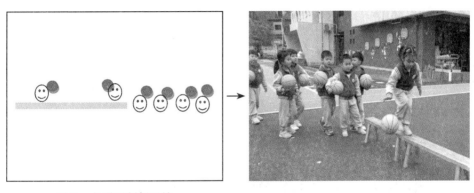

图二：长凳子创新玩法

幼儿：☺　　　　　篮球：●　　　　　长凳子：

幼儿走过长凳子：☺　　　　幼儿拍球走过长凳子：☺

老鼠笼（篮球）

设计意图

猫和老鼠是孩子们都很熟悉的动物，它们的故事孩子们更是耳熟能详，都知道猫一见老鼠就跑，干什么去？追老鼠呗！而折身跑，是基于"跑"的一项动作技能。它简单易行、玩法多样。大班幼儿身体协调性强，竞争意识浓，渴求交往。为了使幼儿掌握折身跑的技能，在活动中将折身跑练习寓于趣味性的游戏中，让孩子们在参与、体验的过程中学习技能，增强幼儿跑动中的自我保护意识，我设计了老鼠笼这一活动。

活动目标

1.学会游戏老鼠笼的基本玩法，练习钻的技能，提高身体的灵敏性和协调能力。

2.增强幼儿跑动中的自我保护意识。

3.培养幼儿遵守游戏规则，遵守纪律的好品质。

活动准备

1. 猫头饰、鼠宝宝头饰。

2. 篮球、篮子。

3. 背景音乐。

活动重难点

练习钻的技能，提高身体的灵敏性和协调能力。

活动过程

环节	活动内容与过程安排	时间	形式
准备部分	1. 听《猫》的音乐，学猫走，来到活动场地，做热身运动。 2. 儿化游戏《踩蚂蚁》。	4分钟	集体
教学与练习部分	1. 出示老鼠图片和老鼠笼图片，激发幼儿对游戏的兴趣。 2. 传统老鼠笼游戏，师幼一起进行游戏，边说儿歌边进行游戏。（游戏进行一到两次） 作老鼠笼的幼儿手拉手站成圆圈，举起手并念儿歌："老鼠老鼠坏东西，偷吃粮食偷吃米，我们搭个老鼠笼，咔嚓一声抓住你。"念儿歌的同时，扮老鼠的幼儿在鼠笼四周钻进钻出。当念道"咔嚓"时，扮老鼠的幼儿立刻放下手，同时蹲下。在大圆圈内的"老鼠"为被捉住，被捉住的幼儿站在大圆圈上做老鼠笼。游戏继续进行，直至老鼠全部被捉住，再调换角色，游戏重新开始。	8分钟	集体与个别相结合
	创新老鼠笼游戏活动。（引导幼儿用拍球的方法玩老鼠笼游戏） 作老鼠笼的幼儿手拉手站成圆圈，举起手并念儿歌："老鼠老鼠坏东西，偷吃粮食偷吃米，我们搭个老鼠笼，咔嚓一声抓住你。"念儿歌的同时，扮老鼠的幼儿在鼠笼四周钻进钻出，在老鼠笼中偷食物（篮球）同时以拍球的方式运送。当念道"咔嚓"时，扮老鼠的幼儿立刻放下手，同时蹲下。在大圆圈内的"老鼠"为被捉住，被捉住的幼儿站在大圆圈上做老鼠笼。游戏继续进行，直至老鼠全部被捉住，再调换角色，游戏重新开始。	10分钟	集体与分组相结合
结束部分	1. 幼儿跟随音乐进行放松运动。 2. 教师小结。	3分钟	集体

游戏图解

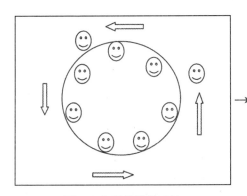

图一：老鼠笼传统玩法

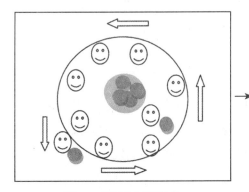

图二：老鼠笼创新玩法

幼儿： ☺   篮球：   装篮球的篮子：

幼儿拿着篮球运球： ☺●

好玩的沙包（篮球）

设计意图

民间游戏是我园开展的教研课题，而沙包是孩子们经常玩的玩具。在民间游戏这个课题的研究过程中，我发现单纯的让孩子们玩沙包已经让他们慢慢对沙包失去了兴趣。通过反复的摸索实践，我发现每一次玩沙包时给孩子们设计一个情境，让他们在情境活动中对游戏进行探索创造，孩子们会玩得更尽兴。而这次活动我把"好玩的沙包"设计成涵盖了运用沙包走、跑、跳、爬等技能的户外民间游戏课，目的在于培养幼儿的合作精神，促进身体敏捷性，平衡能力的发展，培养幼儿尝试探索精神和喜欢运动的兴趣。

活动目标

1. 通过玩沙包，培养幼儿的探索精神，发展幼儿S跑、跳跃、攀爬等技能。
2. 鼓励幼儿积极思考沙包的玩法，并与伙伴相互学习，体验游戏的乐趣。
3. 培养幼儿的合作精神，促进身体敏捷性，平衡能力的发展。

活动准备

1. 沙包。
2. 篮球。
3. 热身音乐、功放机。

活动重难点

体验游戏的乐趣，培养幼儿的创造力。

活动过程

环节	活动内容与过程安排	时间	形式
准备部分	1.幼儿成早操队形在音乐伴随下做准备运动。 2.队列队形练习：并队—分队，开花跑。	4分钟	集体
教学与练习部分	1.幼儿探索沙包的玩法。 2.幼儿自由玩。 （1）抛接：向空中抛起沙包并接住。 （2）顶沙包：把沙包平放在头顶上，向前走动，使沙包不掉下来。 （3）夹包跳：用双腿夹住沙包跳。 （4）背沙包：手腿着地背上放沙包，背着沙包爬。	8分钟	集体与个别相结合
	1.小组游戏（幼儿两人组，投掷沙包）。 2.集体游戏。 请两名幼儿分别站在两边的起点线上，其他幼儿站在中间拍球。当一个幼儿扔沙包时，大家面对着他，迅速拍球跑开躲避他扔过来的沙包。如果被砸中，就要罚下场，没有被砸中的幼儿继续玩。沙包被场地另一端的幼儿捡起来，大家这时面对着他，当沙包扔过来时，继续躲避，被砸中的还是要罚下场，这样一直继续扔下去，三分钟后谁能留下，谁为胜。	10分钟	集体与分组相结合
结束部分	1.在教师带领下随音乐做放松动作。 2.教师对此活动进行小结。	3分钟	集体

游戏图解

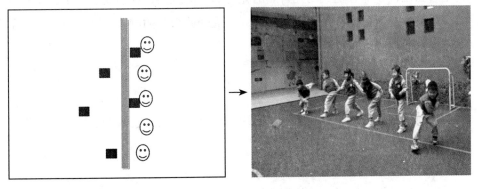

图一：好玩的沙包传统玩法

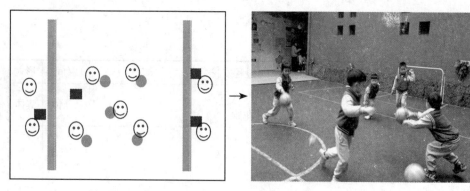

图二：好玩的沙包创新玩法

幼儿：☺　　　篮球：●　　　沙包：■　　　起点线：▬▬

拍球的幼儿：☺●　　　　　丢沙包的幼儿：☺■

跳土坑（海洋球）

设计意图

　　体育活动的目标主要在于发展幼儿的基本动作，提高幼儿身体素质，培养健康的心理品质和提高幼儿的智力水平。为了丰富幼儿的活动内容，我们发动家长搜集轮胎，不几天，大大小小的轮胎堆满地，有汽车轮胎、摩托车轮胎、三轮车轮胎、自行车轮胎，等等，我们冲洗后对轮胎进行刷漆，一部分做成花边栅栏，一部分变成幼儿喜欢的花花绿绿的玩具，在活动过程中，幼儿玩出了新花样，我把这些花样玩法组合，变成幼儿喜欢的游戏活动，由此设计了大班体育活动：跳土坑。

活动目标

　　1.通过有趣的轮胎游戏练习单脚跳、双脚跳、钻爬、滚动、搬运等动作，训练幼儿的协调性和灵敏性。

　　2.体会跳土坑的快乐。

　　3.通过玩轮胎发展幼儿的创造性及扩散性思维，培养幼儿主动探索、发现和创造的能力。

活动准备

1. 轮胎若干。

2. 竹梯两架。

3. 海洋球1篮。

活动重难点

1. 轮胎游戏练习单脚跳、双脚跳、钻爬、滚动、搬运等动作。

2. 训练幼儿的协调性和灵敏性。

活动过程

环节	活动内容与过程安排	时间	形式
准备部分	1. 韵律操，听着欢快的音乐围着轮胎做头部、肩部、扩胸、体侧、体转、弓箭步、下肢、全身、跳跃等动作。 2. 队列队形练习：并队—分队，开花跑。	4分钟	集体
教学与练习部分	1. 幼儿自由探索"轮胎"的多种玩法。 2. 教师引导幼儿说说轮胎有几种玩法，怎么玩。 （1）"小兔跳"：把细轮胎、小轮胎平放在地上，让幼儿单腿、双腿跳过轮胎。 （2）"过河拆桥"：把两个细轮胎平放在地上，幼儿双腿跳入第一个轮胎，再跳入第二个轮胎，然后把第一个轮胎捡起放入前方，双腿跳入第一个轮胎，再捡起第二个轮胎放入前方，这样依次类推。幼儿拿轮胎返回交给另一幼儿。 （3）"小小搬运工"：圆圈内摆满大小粗细不同的轮胎，幼儿根据自己的意愿把轮胎运到对面圆圈内，根据轮胎的大小计分，在规定的时间内分值高的为获胜者。 3. 让幼儿根据自己的意愿分组活动，体验轮胎花样玩法的乐趣。	8分钟	集体与个别相结合
	1. 分组进行游戏（根据幼儿意愿选择几种轮胎花样玩法进行组合，设计游戏《闯关取宝》。） 《闯关取宝》游戏玩法：幼儿单脚、双脚跳过3米轮胎，从竹梯上面爬过去，走完崎岖不平的土坑（用大轮胎做土坑），到达目的地取得宝物（海洋球），幼儿投掷海洋球，看谁投的远。（教师提醒幼儿注意安全的同时，还要自我保护，出汗太多时注意休息，并用干毛巾擦汗等。）	10分钟	集体与分组相结合

玩转球类，玩出童趣

环节	活动内容与过程安排	时间	形式
教学与练习部分	2. 游戏设置时，针对幼儿的个体差异，选择适合全体幼儿的轮胎玩法，使每一个幼儿都体验到成功的乐趣，将活动推向高潮。	10分钟	集体与分组相结合
结束部分	1. 在教师带领下随音乐做放松动作。 2. 教师对此活动进行简单点评后退场。	3分钟	集体

游戏图解

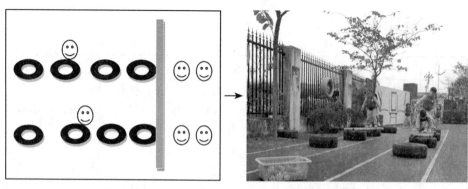

图一：跳土坑传统玩法

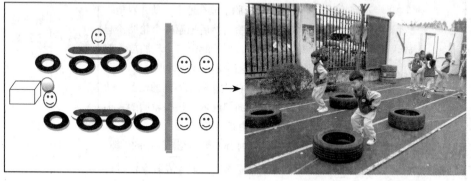

图二：跳土坑创新玩法

幼儿：☺ 竹梯：▬ 起点线：▬ 轮胎：⬭ 篮子：◎ 海洋球：◯

幼儿跳进轮胎：⬭ 幼儿走过竹梯：▬ 幼儿手拿海洋球：☺

炸碉堡（手球）

设计意图

炸碉堡是一个简单有趣的投掷游戏，我们给游戏带有一点特别的色彩后变得更受幼儿的欢迎了，我们让幼儿通过投掷游戏来锻炼手臂的肌肉和身体的协调性，让幼儿拥有一个良好的身体素质。

活动目标

1. 引发幼儿感受炸碉堡的趣味性，发展肩上投掷能力和力量。
2. 发展幼儿推小车的兴趣和能力。
3. 培养幼儿合作意识和能力。

活动准备

1. 手球若干、跨栏。
2. 软垫两张。
3. 热身运动。

活动重难点

1. 幼儿对游戏规则的理解和游戏行动。
2. 幼儿之间的相互配合并遵守规则。

活动过程

环节	活动内容与过程安排	时间	形式
准备部分	1. 教师：今天的天气真正好，我们学习解放军叔叔炸碉堡，怎么炸，看老师来指导。在做任务前，我们一起来做一下热身运动。 2. 队列队形练习：并队—分队，开花跑。	4分钟	集体

环节	活动内容与过程安排	时间	形式
教学与练习部分	1. 谈话导入,激发幼儿游戏兴趣。 教师:小解放军,刚才接到上级的命令,要我们去执行一项特殊任务,炸敌人的碉堡,你们愿意吗?那我们用什么去炸敌人的碉堡呢?(炸药包)出示手球。 2. 教师讲解示范正确的肩上挥臂投掷动作。 小小脚,分分开,小小手,放耳边,小胳膊,架起来,退一步,侧转身,炸药包,用力往前扔。 3. 幼儿随老师拿沙包练习正确的肩上挥臂投掷动作。 4. 游戏"哪个炸药包扔得远"。 站在红线后,听口令用力将手球投出去。	8分钟	集体与个别相结合
	游戏"炸碉堡"。 (1)教师:小解放军,我们已练好了本领,快出发去炸敌人的碉堡吧。(带领幼儿跑步进入游戏) 介绍游戏规则:用小车把手球推到队友的身边,在指定地方用力将手球扔向敌人的碉堡,然后迅速跑回来。 (2)幼儿游戏。 教师:小解放军,现在我们开始行动,目标是敌人的碉堡,比一比哪队先完成任务。 (3)幼儿再次游戏。(教师把碉堡放远一点,加大难度。) 教师:小解放军们,你们真能干,顺利地炸掉了敌人的碉堡,高兴吗?我又接到了上级的命令,他们也夸我们小朋友真厉害,把敌人的碉堡顺利炸掉了,所以又给我们下达了一项任务,说不远处还有几个碉堡,小解放军们,你们能行吗?	10分钟	集体与分组相结合
结束部分	1. 放松游戏:《伊比呀呀》。 幼儿在音乐的引导下做转头、捶肩、扭动身体等动作。 2. 教师对此活动进行简单点评后退场。	3分钟	集体

玩转球类,玩出童趣

游戏图解

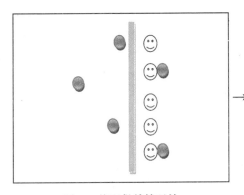

图一：炸碉堡传统玩法

图二：炸碉堡创新玩法

幼儿：☺　　手球：●　　碉堡：⬡　　起点线：▬▬▬

跨栏：◠　　拿着手球的幼儿：☺●

🧒 小伞兵（足球）

设计意图

在每天的早锻炼中，我们大班的小朋友总是喜欢从很高的地方往下跳，我问他们"害怕吗？"有的说："这有什么好害怕的，又不高。"有的说：

"我一开始害怕，但看见他们都能跳，我也跟着一起跳，就不害怕了！"捕捉到这个兴趣点后，根据纲要中指出的"幼儿是教育活动的积极参与者而非被动接受者，活动内容必须与幼儿兴趣、需要及接受能力相吻合"宗旨，我设计了这个活动。

活动目标

1. 练习双脚站立由高35~40厘米处往下跳，增强幼儿的跳跃能力。
2. 培养幼儿遵守纪律的品质和自我保护意识。

活动准备

1. 播放歌曲。
2. 爬行垫、椅子。
3. 足球两个。

活动重难点

1. 幼儿对游戏规则的理解和游戏行动。
2. 幼儿之间的相互配合并遵守规则。

活动过程

环节	活动内容与过程安排	时间	形式
准备部分	1. 幼儿随音乐做操。 动作：上肢运动—下蹲运动—体转运动—腹背运动—跳跃运动—整理运动。 2. 队列队形练习：并队—分队，开花跑。	4分钟	集体
教学与练习部分	1. 开始部分。 幼儿随音乐做操。 动作：上肢运动—下蹲运动—体转运动—腹背运动—跳跃运动—整理运动。 2. 基本部分。 教师示范双脚从小椅子上跳下来，并讲解动作要领：准备好姿势轻轻跳下，前脚掌轻轻落地，保持身体平衡。	8分钟	集体与个别相结合

环节	活动内容与过程安排	时间	形式
教学与练习部分	教师："今天小朋友来做伞兵，老师做指挥员，大家一起来学跳伞的本领。"幼儿一起念儿歌："我们都是小伞兵，个个勇敢练本领。"幼儿边念儿歌边反复练习从椅子上跳下。重点指导幼儿落地时要前脚掌着地，膝部微曲，两臂前平举保持平衡。	8分钟	集体与个别相结合
	介绍情节和游戏动作。 教师：小伞兵本领练好了，可以上飞机跳伞。指挥员说"起飞"，小伞兵就两臂伸开平举，模仿飞机在天空自由飞翔，指挥员命令"飞过高山，飞过大海，准备跳伞。"小伞兵就快飞到椅子边并站到小椅子上做好跳伞的准备动作，听到跳伞口令，小伞兵双脚并拢跳下，最后指挥员说"集合"，小伞兵在椅子后面站好。	10分钟	集体与分组相结合
结束部分	1. 在教师带领下随音乐做摇头、扭腰、甩手臂等放松动作。 2. 教师对此活动进行简单点评后退场。	3分钟	集体

游 戏 图 解

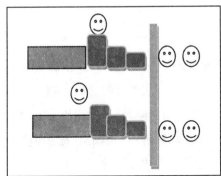 

图一：小伞兵传统玩法

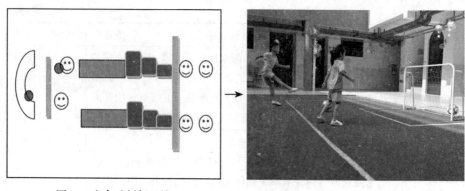

图二：小伞兵创新玩法

幼儿：☺　　足球：●　　爬行垫：▬　　　椅子：■　　　起点线：▬

终点线：▬　　　踢球的幼儿：☺●　　站在椅子上的幼儿：☺■

报纸球（报纸球）

设计意图

　　玩报纸时，有的幼儿喜欢将一张报纸揉成团，变成纸球，互相扔着玩。看到这样的情景，我就帮助他们在纸球的外面裹上一层漂亮的彩纸，制成了一个个漂亮的纸球。大班幼儿经过小、中班的学习，在体育活动中积累了不少玩球的经验，尤其是男孩子，特别喜欢聚在一起玩踢球游戏，但是不太懂得协商和谦让，于是我根据大班幼儿的这些特点设计了这个体育活动。

活动目标

1. 积极开动脑筋，想出纸球的各种玩法；练习夹包跳和投掷动作。
2. 发挥幼儿想象力、创造力，发展幼儿动作的协调性和灵活性。
3. 积极参与体育活动，乐意与人合作，体验合作的乐趣。

活动准备

1. 报纸球若干。

2. 自制教玩具箱。

3. 热身音乐。

活动重难点

通过游戏发展幼儿动作的协调性和灵活性。

活动过程

环节	活动内容与过程安排	时间	形式
准备 部分	1. 幼儿成早操队形，在音乐伴随下做准备运动。 2. 队列队形练习：并队—分队，开花跑。	4分钟	集体
教学 与练 习部 分	1. 创意玩纸球。 （1）请幼儿自由探索纸球的各种玩法。 （2）教师观察幼儿活动，肯定幼儿的想法，鼓励幼儿想出更多的玩法。 （3）互相欣赏各自的玩法，师幼一起玩。 （4）引导幼儿重点练习夹包跳、投掷动作。 2. 合作玩纸球。 （1）教师收起一部分球，幼儿自由结伴，尝试合作玩纸球，对不会合作玩纸球的幼儿，教师给予一些暗示和帮助。 （2）再次减少球数，师幼合作玩球。	8分钟	集体 与个 别相 结合
	1. 师幼一起进行游戏，边说儿歌边进行游戏。（游戏进行一到两次） 2. 教师重点讲解并示范如何投报纸球到投掷箱。 3. 幼儿进行集体练习投掷报纸球。 4. 教师巡回观察指导幼儿，给幼儿及时的鼓励。	10分钟	集体 与分 组相 结合
结束 部分	1. 在教师带领下随音乐做摇头、扭腰、甩手臂等放松动作。 2. 教师对此活动进行简单点评后退场。	3分钟	集体

游戏图解

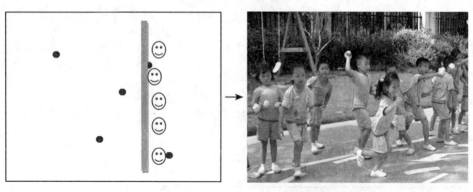

图一：报纸球传统玩法

图二：报纸球创新玩法

幼儿：☺　　报纸球：⬤　　投掷箱：▽△　　场地线：▬▬

幼儿拿着报纸球：☺•

战胜大灰狼（手球）

设计意图

从幼儿的实际出发，抓住幼儿爱玩游戏的兴趣特点，我设计了此次活动——战胜大灰狼。活动情节贯穿游戏的始终，目的是促使幼儿积极地参与活动。通过活动培养幼儿从高处往下跳、钻、爬、跑的能力以及培养幼儿勇敢克服困难的品质。

活动目标

1. 通过游戏"战胜大灰狼"，练习平衡走、单脚双脚交替跳、投掷等基本动作。

2. 能利用手球进行身体锻炼，体验游戏的乐趣。

活动准备

1. 手球、沙包若干。

2. 椅子10把。

3. 手球两个。

活动重难点

练习平衡走、单脚双脚交替跳、投掷等基本动作。

活动过程

环节	活动内容与过程安排	时间	形式
准备部分	幼儿成早操队形，在音乐伴随下做准备运动。 热身运动：跟着音乐做纸球操。 教师：小朋友们，手球是我们的玩具，它还能带我们做手球操呢，让我们一起动起来吧！	4分钟	集体
教学与练习部分	1. 出示手球，引导幼儿探索手球的各种玩法。 （1）教师：请大家动脑筋想一想，手球可以怎么玩？每个人找个地方，可以一个人玩，也可以两个人、三个人或更多的人一起玩。 （2）幼儿自由探索手球的玩法，教师巡回指导。 （3）请个别幼儿示范自己的玩法，大家一起学一学。 2. 集体练习单脚跳，学习单、双脚交替向前跳。	8分钟	集体与个别相结合
	游戏"战胜灰太狼"，引导幼儿练习平衡走、单双脚交替跳、投掷等基本动作。	10分钟	集体与分组相结合

续表

环节	活动内容与过程安排	时间	形式
教学与练习部分	（1）游戏规则：将幼儿平均分成4组，每组第一名幼儿先开始闯关，要走过小桥、跳过迷宫、拿球砸向贴有灰太狼头饰的筐子里，完成任务返回小组，用手与本组的第二名幼儿击掌，第二名幼儿开始出发，本组的每名幼儿依次进行，哪组能按要求最快完成算胜利。 （2）游戏评价，祝贺胜利的小组，鼓励稍落后的小组。	10分钟	集体与分组相结合
结束部分	1.在教师带领下随音乐做摇头、扭腰、甩手臂等放松动作。 2.教师对此次活动进行简单点评后退场。	3分钟	集体

游戏图解

图一：战胜大灰狼传统玩法

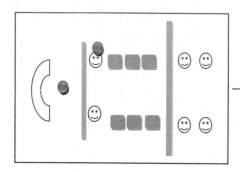

图二：战胜大灰狼创新玩法

幼儿：☺　　　手球：●　　　椅子：■　　　球门：⌒

起点线：▬▬　　　终点线：▬▬　　　拿着手球的幼儿：

拾果果（海洋球、篮球）

设计意图

拾果果是我们小时候经常玩的游戏，趣味性强，操作简单，不需要什么器械。它不但能锻炼幼儿协调能力，还能促进幼儿之间的相互团结，培养他们之间的感情，是孩子们非常喜爱的游戏。

活动目标

1. 探索运用身体的各个部位运球。
2. 发展幼儿动作的协调性和对身体的控制能力。
3. 培养幼儿间的合作能力。

活动准备

1. 海洋球若干、篮子。
2. 篮球若干。
3. 活动音乐。

活动重难点

1. 探索运用身体的各个部位运海洋球。
2. 发展幼儿动作的协调性和对身体的控制能力。

活动过程

环节	活动内容与过程安排	时间	形式
准备部分	教师：秋天是个丰收的季节，今天早上，果园里果子因为太熟了，掉得满地都是，今天要请小朋友们帮忙去给小松鼠拾果子，但是小松鼠要先看看你们的身体棒不棒，那我们一起来做一做运动吧，让小松鼠看看。	4分钟	集体

玩转球类，玩出童趣

环节	活动内容与过程安排	时间	形式
教学与练习部分	探索运用身体各个部位运果子。 （1）教师：马上就要拾果子了，现在老师先帮小松鼠拾个果子，请你们看一看老师是怎么拾的。 （2）教师做示范。 教师：刚才老师是用什么给小松鼠拾果子的呀？ 教师：小朋友们观察的真仔细，现在请你们也用双手给小松鼠拾果子去吧，拾到果子要拿好，不能让果子掉了。（幼儿双手拾果子） 教师：可是如果每次只拾一个果子的话就有点少了，那怎么样才能用双手给小松鼠拾更多的果子呢？（幼儿尝试、探索）	8分钟	集体与个别相结合
	游戏："拾果子"比赛。 你们的本领练得真不错，接下来我们进行一个比赛，分两队通过拍球去拾果子，比比哪组拾得最多。	10分钟	集体与分组相结合
结束部分	1. 在教师带领下随音乐做摇头、扭腰、甩手臂等放松动作。 2. 教师小结。	3分钟	集体

游 戏 图 解

图一：拾果果传统玩法

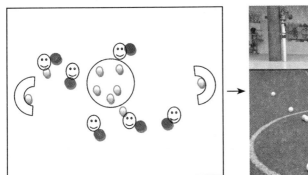

图二：拾果果创新玩法

幼儿：☺	篮球：●	果园：○	篮子：◎	小松鼠的家：
海洋球：●	幼儿手拿海洋球：☺●	幼儿手拿海洋球一边拍球：☺●		

骑羊（羊角球）

设计意图

根据幼儿对羊角球的喜爱，为了引导他们玩出更多安全有趣的玩法，我设计了本次活动。让幼儿在玩中探索出更多好的羊角球玩法，结合羊角球进行创编游戏的玩法。让幼儿在轻松愉快的氛围中体会到集体合作的快乐。

活动目标

1. 勇于尝试、积极进取，感受成功的喜悦。
2. 骑在羊角球上跳动，发展幼儿的平衡性和控制力。
3. 初步掌握骑跳的动作要领。

活动准备

1. 羊角球若干。
2. 热身音乐。

活动重难点

1.掌握骑羊角球跳的动作要领。

2.能骑羊角球自由蹦跳活动。

活动过程

环节	活动内容与过程安排	时间	形式
准备部分	1.热身：慢跑、徒手操。 2.队列队形练习：并队—分队，开花跑。	4分钟	集体
教学与练习部分	1.出示羊角球，导入活动。 2.教师开始可以让幼儿自己去尝试玩羊角球的方法，教师在旁边观察幼儿的动作，并做好保护。 3.教师讲解动作要领，并做示范。（针对幼儿在自由玩羊角球时出现的错误动作予以纠正，讲述正确的动作要领，并做示范。） 4.幼儿在教师的指导下分组逐一进行练习。（教师要注意做好保护，控制幼儿的动作幅度不能太大。）过程中，可以选择动作规范的幼儿到前面做动作展示，并予以表扬和鼓励，来刺激幼儿们的学习兴趣。	8分钟	集体与个别相结合
	游戏部分。 利用学习的"骑羊角球"的动作，分组进行接力比赛，比赛注重气氛的烘托，更要注意强调规则的重要性及动作的保护。	10分钟	集体与分组相结合
结束部分	结束部分。 （1）集合队伍，做一些放松运动。 （2）对幼儿的表现给予表扬鼓励。	3分钟	集体

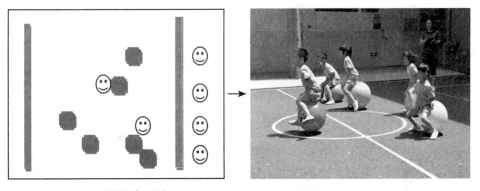

游戏图解

图一：骑羊传统玩法

图二：骑羊创新玩法

幼儿：☺　　羊角球：▨　　起点线：▬▬　　终点线：▬▬

骑着羊角球的幼儿：☺▨

后记

　　清远市阳山县碧桂园幼儿园以"幼儿教育贵在养趣"为办园理念，以丰富多彩的文体活动为载体，以"快乐教育"为主要手段，全面贯彻实施《幼儿园教育指导纲要（试行）》等教育法规，积极探索现代的健康理念和新型的体育教学模式，不断优化教学过程，为幼儿创设丰富的体育活动环境和良好的心理环境，形成了"因地制宜、因人而异"和"让孩子的情感与运动结缘、让孩子的身体与球共舞"的幼儿园特色体育课程。

　　《玩转球类，玩出童趣》一书，是我作为园长主持的清远市市级立项课题"球类活动与民间体育游戏整合的实践与研究"的研究成果，它凝聚了全体课题组研究成员的智慧和心血。开展课题研究三年来，全体课题组研究成员克服了研究过程中的种种困难及课程改革潮流的冲击，在上级领导和专家们的支持、指导和帮助下，坚定信心、精益求精、勇于创新，尝试探索球类活动与民间体育游戏互相渗透、有效整合的新路子，发现整合不但能促进幼儿身体的健康成长、机能的增强，还能启迪幼儿的思维，培养幼儿的观察、记忆和想象能力，实现教师与幼儿、课程的共同成长。三年来，课题组顺利完成了"幼儿园球类活动与民间体育游戏整合"课程的研究和开发。这本《玩转球类，玩出童趣》是对幼儿球类游戏活动魅力、方法、实战的高度概括，更是阳山县碧桂园办园风格——"趣"文化的主打品牌。我园的办园思想、观念有了较大的更新，社会声誉不断提高，幼儿得到了健康的发展，教师在研究过程中也获

后
记

得了不断成长。

在整个研究及成果的鉴定编辑与本书出版的编辑过程中，得到了深圳大学陆克俭博士的指导和帮助。在撰写和审阅全部书稿的过程中，得到了我园邓彩燕、黄玉瑜、陈建芳、李绍燕、薛月娣等老师的大力帮助和支持，在本书付梓之际，深表谢意！

由于本人才疏学浅，书中肯定存在许多欠缺与不足，敬请各方面专家和同行批评指正！

肖燕霞

2019年3月于阳山